刑事论辩的经验归集与评析

Experience Collection and Analysis of Criminal Debate

樊建民 著

当代中国出版社
Contemporary China Publishing House

图书在版编目（CIP）数据

刑事论辩的经验归集与评析 / 樊建民著. -- 北京 : 当代中国出版社, 2024. 6. -- ISBN 978 - 7 - 5154 - 1397 - 6

Ⅰ. D925.210.5

中国国家版本馆 CIP 数据核字第 20242EU463 号

出 版 人　王　茵
责任编辑　邓颖君
责任校对　贾云华　康　莹
印刷监制　刘艳平
封面设计　鲁　娟
出版发行　当代中国出版社
地　　址　北京市地安门西大街旌勇里 8 号
网　　址　http://www.ddzg.net
邮政编码　100009
编 辑 部　(010)66572156
市 场 部　(010)66572281　66572157
印　　刷　中国电影出版社印刷厂
开　　本　710 毫米 ×1000 毫米　1/16
印　　张　13.75 印张　1 插页　229 千字
版　　次　2024 年 6 月第 1 版
印　　次　2024 年 6 月第 1 次印刷
定　　价　78.00 元

自　　序

随着近年来我国法治建设的飞速发展和不断进步，特别是刑事法律法规的大量修正和不断完善，给刑事法学、刑事司法实践、刑事辩护和代理提供了诸多研究和发展的空间，同时也带来了诸多的问题和挑战。

作为一名研究刑事法学的学者，我基于律师角度，关注和审视刑事案件中律师、公诉人、法官、侦查（调查）人员的立场和使命，兼顾被害人、被告人以及社会公众的诉求和情感，结合较扎实、丰富的刑事法学理论知识，从实体法和程序法两方面归纳、总结和评析刑事办案的经验、规则、策略和技巧。立足法律条文的逻辑结构和内容，以及法律的实际运行情状，我秉持基本的价值目标，进行价值衡量和利益衡量，对法律条文作出有创建性的、合情合理的解释，最大限度维护当事人利益，但亦不失正当性和公正性。

本书收录的35起案例系从我数年来主办的百余起刑事案件中选取，均属司法实践中罪与非罪或刑罚裁量存在巨大争议且较具代表性的疑难案件。司法者、律师、学者按照各自惯常的思维、常见的通识均对此难以独立、恰当地理解和把握，须经过理论和实践的充分碰撞和协调，才能作出恰当的处理。

我期望本书的出版，能增进和深化法学理论界与司法实务界之间的良性互动，能在一定程度上弥补法学理论界与司法实务界之间以及司法实务界之间的裂痕，能为我国刑事法治的建设和完善尽微薄之力。

目　录

Contents

一、诈骗犯罪类

二、妨害社会管理秩序犯罪类

三、职务犯罪类

四、侵犯人身权利犯罪类

五、破坏市场经济秩序犯罪类

六、敲诈勒索犯罪类

七、危害公共安全犯罪类

一、诈骗犯罪类

【题记】

诈骗犯罪成立的基本要求:(1)行为人获得他人财产明显导致他人受到不合常理的损失——反常;(2)行为人具有虚构事实或隐瞒真相的行为——欺骗;(3)他人作出错误的处分财产的行为——被骗;(4)欺骗行为与错误处分财产行为之间存在直接因果关系。

1

隋伟洋帮助诈骗案

——帮助事先已经占有他人财物的行为人破坏他人的电子跟踪系统，使行为人逃避监督并顺利销赃的行为，属诈骗犯罪既遂后的帮助销赃行为，不成立诈骗罪共犯

【案情简介】

李全程最初与隋伟洋合伙购买一冷藏货车，从事长途冷藏商品运输业务，后隋伟洋退出合伙转而从事房产中介业务；李全程开始雇用纪建波作为司机，继续从事冷藏商品运输业务。2015 年 5 月 20 日，李全程在南宁市与之前曾经有过运输业务往来的货主张荣祥商谈，达成口头的运输协议：李全程将 10 吨冷冻牛肉从南宁市运输到济南市，先支付运费 10000 元，货物运达目的地后支付剩余运费 10000 元。李全程将载满牛肉的货车开出南宁市后，打电话与隋伟洋联系，说有事请他帮忙，让他开车到咸宁市一服务区集合。两人在服务区见面后，李全程告诉隋伟洋，车上牛肉的货主以前欠他的运输费不给，其想将这车货卖掉抵债，让隋伟洋帮忙将车上牛肉中装的电子跟踪器找到并移除。后两人移除了货主所安装的跟踪器后，隋伟洋便开车回去了。李全程则联系李庆广，将牛肉以低价卖掉，共获利 67 万元，支付李庆广 17 万元辛苦费。

【追诉经过】

张荣祥以诈骗罪向公安机关报案，公安机关立案侦查后，以李全程、隋伟洋、李庆广成立诈骗罪共同犯罪移送至某区人民检察院审查起诉；某区人民检察院以诈骗罪向某区人民法院提起公诉，一审法院判处三被告构成诈骗罪，判处李全程有期徒刑 11 年，并处罚金 5 万元；判处隋伟洋有期徒刑 9 年，并处罚金 4 万元；判处李庆广有期徒刑 6 年，并处罚金 3 万元。三被告上诉后，二审法院维持对李全程的判决，改判隋伟洋成立掩饰、隐瞒犯罪所得罪，判处有期徒刑 2 年，并处罚

金 1 万元;改判李庆广成立掩饰、隐瞒犯罪所得罪,判处有期徒刑 3 年,并处罚金 2 万元。

【争论要点】

1. 本案中隋伟洋因受李全程的欺骗,认为货主欠李全程的运费不还,帮李全程移除电子跟踪器的行为是否属于事实认识错误,进而阻却犯罪的成立。

2. 如果认定李全程成立诈骗罪,则其非法占有的目的是在何时、何地形成。若其与张荣祥签订口头协议之时就具有非法占有的目的,则当牛肉装上车时是否已经成立诈骗罪既遂。张荣祥仅在牛肉中装上电子跟踪器能否视为对牛肉的持续占有。

3. 在李全程已经实际占有牛肉的前提下,隋伟洋帮其移除电子跟踪器,是诈骗行为的继续还是诈骗既遂后的掩饰、隐瞒犯罪所得行为。

4. 隋伟洋与负责销赃的李庆广,谁应负更大的刑事责任。

【辩护思路】

作为隋伟洋的辩护人,应该全面把握整个案情。李全程成立何罪、何时犯罪既遂对隋伟洋承担何种程度的刑事责任有重大影响,作为隋伟洋的辩护人首先要为李全程辩护。

公诉机关指控的是诈骗罪,则依照公诉机关的基点和思路进行铺展式辩护,属"以子之矛攻子之盾",会得到较好的辩护效果。因为,若指控李全程成立诈骗罪,其非法占有目的的产生时间只有可能在南宁市签订口头协议之时。如此,则隋伟洋在帮其移除跟踪器之前,李全程已经构成诈骗罪的既遂,隋伟洋的行为只能成立掩饰、隐瞒犯罪所得罪。否则,李全程在移除电子跟踪器之前对车载牛肉就属于依据运输协议的合法占有,其随后作出的非法占有行为,只能成立侵占罪;顺理而推,隋伟洋只能成立侵占罪的共同犯罪——而侵占罪属于自诉罪,只有被害人告诉才处理,不能直接追究三被告的刑事责任。

此外,辩护人须论证隋伟洋与李庆广的刑事责任平衡问题。由于隋伟洋没有参与分赃,其在犯罪活动中的作用明显低于李庆广,对其判处的刑罚应该轻于李庆广。

【辩词摘要】

一、李全程如果是在行车途中产生犯意，那么根据主客观相统一原则，其不成立诈骗犯罪

某种行为是否构成犯罪及构成何种犯罪判断的唯一标准就是该行为是否符合《刑法》规定的犯罪构成要件，这是罪刑法定原则的基本要求。按照主客观相统一的原则，非法占有的故意是诈骗罪成立的先决条件，即非法占有的目的产生在非法占有的行为之前。

如果按公诉机关的意见，李全程是在冻肉装车后、行驶过程中产生的犯意，那么其在产生非法占有目的之后的行驶过程中就必须实施诈骗罪成立的欺骗行为，并使相对方产生了错误认识，被害人基于错误认识将冻肉交付李全程，李全程获得冻肉，受害人遭受损失。而本案中，在货车行驶过程中，李全程与张荣祥并未联系过，根本不存在欺骗张荣祥的行为；因张荣祥已经将牛肉交给了李全程，也就不存在在该过程中受骗将牛肉交给李全程之说——该观点明显与法律和事实不符。

按公诉人的理解，李全程拆除定位器、改变路线属于实施诈骗犯罪的欺骗行为；而案卷显示，李全程在车辆出发后便将电话关机，受害人张荣祥就再也没有联系上李全程，李全程是如何欺骗张荣祥的，让张荣祥陷入了何种错误认识？诈骗犯罪不存在没有欺骗对象的情况——除非认为李全程在牛肉装车之前或在与张荣祥接触期间，欺骗了张荣祥。

二、隋伟洋与李全程不成立共同诈骗犯罪

（一）隋伟洋与李全程没有诈骗的预谋

1. 根据公安机关调取的李全程（号码为15290411×××）的通话记录显示，5月22日前其没有与隋伟洋（号码为13137563×××）的任何通话记录。

2. 李全程归案以后，其签字确认的笔录中，一次也没有提过隋伟洋，更不存在与隋伟洋预谋的供述。

3. 对于李全程没有核对确认并签字的2018年10月25日、2018年12月19日的笔录，因为上述笔录李全程没有核对确认，所以上述笔录的基本形式明显不合法，依据《最高人民法院关于适用〈中华人民共和国刑事诉讼法〉的解释》

(2012年)第81条[①]、2010年出台的《最高人民法院、最高人民检察院、公安部、国家安全部、司法部关于办理死刑案件审查判断证据若干问题的规定》第20条的规定,上述笔录不得作为定案的依据,应依法予以排除。

4. 纪建波的笔录中,只有2018年12月7日的笔录提到了隋伟洋,其余笔录均未提到过隋伟洋。而2018年12月7日的笔录中,纪建波并未供述过隋伟洋在事发前与李全程有过沟通预谋。纪建波在此次笔录中仅是供述:"李全程和隋伟洋电话里啥都说明白了,他们两个人都清楚做的啥事。2018年5月22日上午,在车上我听到李全程和隋伟洋电话里大概意思是说……"也就是说,纪建波唯一知道的李全程与隋伟洋的沟通是发生在5月22日上午,而李全程涉嫌诈骗犯罪的实行行为(牛肉装车之时)是发生在5月21日。所以,纪建波的该次供述仅能证明李全程诈骗行为既遂之后,隋伟洋与李全程有过通话,不能证明李全程与隋伟洋存在事先预谋。

(二)无证据证明隋伟洋与李全程共同破坏了车上的定位系统

1. 在李全程的供述中,2018年12月19日的笔录李全程没有核对确认,应予排除,此处不再重复论述;剩余笔录中,只有2018年9月26日的笔录供述:"5月23日凌晨,俺俩开着车走到咸宁服务区时,我们两个配合着把运输公司装的定位弄坏啦,俺俩弄好后就继续开着车往郑州赶","俺俩"指的是李全程和纪建波。所以,李全程从未供述过其与隋伟洋共同破坏了车上的定位器。

2. 纪建波2018年9月15日的笔录显示,侦查人员问:"李全程与你一起配合将运输公司安装的定位器拆除了,是这情况吗?"纪建波回答:"要破坏也是他自己破坏的,我没有看见。"可见,纪建波没有看到李全程或其他人拆除定位器,说是别人破坏的只是鉴于定位器实际上确实被人拆除的事实,只是猜测是别人破坏的而已。

3. 纪建波2018年12月7日笔录显示:"李全程和隋伟洋先打了个招呼,我拿住撬杠检查轮胎去了,隋伟洋和李全程拆的货车上的定位器。他们两个上了货车驾驶室倒弄了一会又下来了。"他只能证实隋伟洋与李全程在货车上倒弄、停留,但究竟干什么他并不知道,他也不应该知道——他在车下检查轮胎,根本不可能看到高高在上的驾驶室里发生的事情。再者,李全程还供述过是其与纪建

---

① 已失效,对应2021年《最高人民法院关于适用〈中华人民共和国刑事诉讼法〉的解释》第94条。

波一起破坏了车上的定位器系统,出于为报复李全程或减轻自己的责任的目的,纪建波对李全程、隋伟洋不利的供述不可采信。

(三)隋伟洋不知道李全程车上的冻肉是其非法所得

隋伟洋与李全程是同村好友,两人合伙做过运输生意,且平时一直互有来往。2018年5月22日,在李全程的多次请求下,隋伟洋才出于朋友情面到湖北咸宁帮助其往家里捎两袋冻肉,并于5月23日将冻肉带给了李全程在老家的妻子杨冬梅。李全程并未告知该冻肉是其非法所得,隋伟洋也不知情,更未与李全程有过事先预谋。

综上所述,隋伟洋与李全程没有事先预谋,没有为李全程实施诈骗提供帮助行为,没有破坏货车上的定位器系统。其帮助李全程往老家捎两袋冻肉完全是出于朋友情面,并不知道李全程车上的冻肉是其非法所得。所以,隋伟洋与李全程不成立共同犯罪。

三、隋伟洋没有非法占有的目的,即使涉嫌犯罪,也是涉嫌掩饰、隐瞒犯罪所得

1. 隋伟洋与李全程的一致供述:李全程与张荣祥进行业务往来时,张荣祥经常不按照双方的协议(口头协议)履行,多次拖欠李全程运输费用多达20余万元,这些债权、债务仅是两人的口头约定和认可,并无书面证据。李全程曾要求张荣祥写书面的欠条,但张荣祥以其不会赖账等原因一直推脱,李全程害怕张荣祥有一天会否认上述欠款,故而才产生用该牛肉折抵欠款的念头;该念头在李全程本次与张荣祥商谈运输业务之初就存在,在运输途中一直在强化,直到其下定决心后才给隋伟洋打电话,请求其帮忙找到张荣祥所安装的定位器并移除。当隋伟洋与李全程在服务区见面后,李全程亦是这样告诉隋伟洋的,李全程的这种说法导致隋伟洋认为李全程的做法并不违法,而是合情合理的,从而才下定决心帮助李全程移除定位器。虽然张荣祥对李全程的说法不予认同,但李全程对隋伟洋是这么说的却是一个不争的事实。依此,两人均不具有非法占有的目的,不应成立诈骗罪。

2. 如果李全程构成诈骗犯罪,那么李全程的诈骗标的物就是冻肉,其主观目的就是想非法占有被害人的冻肉。李全程通过实施欺骗行为,让被害人将冻肉转移至李全程的货车上,李全程将货车开出被害人仓库后就已经非法占有了冻肉,犯罪目的已经实现。所以,在李全程将装满冻肉的货车开出被害人仓库时,李全程的诈骗行为已经既遂。而既遂之后的行为,如破坏定位器并隐藏行踪、联系李庆广寻找收购牛肉的人,都是诈骗既遂(非法占有完成)之后的销赃行为,即隋伟洋和李庆广都是在为李全程的销赃行为提供帮助。上述行为只可能涉嫌掩饰、隐瞒犯罪所得罪,而不可能与李全程构成诈骗犯罪的共犯。

3. 即使李全程因明显过度讨债(或非法占有)而成立犯罪,隋伟洋也是在李全程犯罪既遂之后才帮助其掩饰、隐瞒犯罪所得的,不能与李全程一起成立诈骗的共同犯罪,充其量成立掩饰、隐瞒犯罪所得罪。公诉机关认为隋伟洋的行为强化了李全程对牛肉的非法占有,属于共同犯罪的观点,明显与传统理论、通说理论、司法实践严重相悖。如果掩饰、隐瞒犯罪所得均是强化了犯罪所得的存续状态,均可成立上游的犯罪,那么该罪还有存在的必要吗?

因此,2018 年 5 月 21 日晚上,李全程将装满冻肉的货车开出被害人仓库时,其诈骗行为已经既遂,在这之前,隋伟洋与李全程没有联系、没有预谋。直到 2018 年 5 月 22 日,李全程才与隋伟洋联系,让其到湖北咸宁服务区见面。所以,即使隋伟洋在服务区知道了李全程的冻肉是骗来的之后仍提供了帮助,其也是在李全程犯罪既遂之后帮助其销赃而已。因此,隋伟洋即使涉嫌犯罪,也是涉嫌掩饰、隐瞒犯罪所得罪,不可能与李全程构成诈骗的共同犯罪。

四、本案中李全程的行为符合侵占罪的构成特征

根据案卷证据及当庭查清的事实,李全程实际上是在根据口头的协议,合法占有张荣祥的牛肉后,才产生了拒不返还的意图;其移除定位器、销售牛肉的行为是拒不返还行为的具体表现,亦可以由此推定其拒不返还的目的。但因侵占罪是自诉罪而非公诉罪,故而依法应由公诉机关撤回起诉,然后由张荣祥自行决定是否向法院提起自诉。

侵占罪相对诈骗罪处罚得明显轻,若李全程成立侵占罪,则隋伟洋的帮助行为就应得到更轻的处罚,甚至因情节轻微而应该免予刑事处罚。

五、隋伟洋的犯罪情节远比李庆广轻,应受到比李庆广更轻的处罚

1. 卷宗资料显示:2018 年 5 月 21 日晚上,李全程在广西南宁市骗取了一车冻肉;2018 年 5 月 23 日凌晨,隋伟洋与李全程在湖北咸宁服务区见面,两人移除定位器之后,隋伟洋没得到任何报酬就开车回去了。之后李全程经李庆广介绍将冻肉拉至郑州市出售,李庆广获利 17 万元,李全程获利 50 万元。从始到终,隋伟洋都没有因本案获取非法所得——隋伟洋的犯罪情节远轻于李庆广的犯罪情节。

2. 隋伟洋的帮助行为不能直接使李全程骗取的冻肉变现,而李庆广的帮助行为使李全程骗取的冻肉直接变现——隋伟洋对李全程犯罪活动的帮助作用小于李庆广。

虽然李庆广积极退还了17万元非法所得,可以从轻处罚,但从轻也是比照其不退赃而言。即使退赃,其量刑也不可能低于没有非法所得的隋伟洋。否则,没有非法所得的人因为无赃可退而比有非法所得的人量刑还重,明显违背罪刑相适应原则,更会造成一种错误的价值引导。

六、纪建波转账给隋伟洋的弟弟隋瑞杰的1.5万元系隋伟洋的父亲隋秀社向李全程所借,并非隋伟洋非法所得,且已归还,与本案无关

首先,公诉机关并未指控该1.5万元系隋伟洋非法所得。

其次,根据隋瑞杰2018年12月3日向公安机关出具的情况说明、李全程和纪建波的供述以及杨冬梅出具的收到条能够证实:隋瑞杰因临近毕业需要用钱,就向父亲隋秀社寻求帮助,其父向李全程借款1.5万元;李全程同意后,2018年6月3日,隋瑞杰按照其父的指示,将其支付宝账号发给李全程,李全程将账号转发给纪建波,纪建波将1.5万元转给隋瑞杰;2018年9月18日,隋秀社将该1.5万元偿还给李全程妻子杨冬梅。所以,该1.5万元系隋秀社与李全程之间的借款,并非隋伟洋的非法所得,不能因为隋伟洋是隋瑞杰的哥哥,就将该1.5万元认定为隋伟洋因帮助李全程犯罪而获得的报酬。

综上,隋伟洋完全是出于朋友情面才为李全程提供了帮助行为,主观恶性小,且没有任何非法所得;隋伟洋没有犯罪前科,系初犯;隋伟洋归案后,如实交代了所有涉案事实,具有坦白情节。因此,应当对隋伟洋从轻处罚。

2 刘海洋金精粉诈骗案

——协助主犯从事诈骗活动的从犯，即使具有从重处罚情节，其刑罚也应轻于主犯的刑罚

【案情简介】

王自发出资开办一家金精粉加工厂（以下简称加工厂），为河南中原黄金冶炼厂有限公司（以下简称冶炼厂）供应金精粉。王自发租赁了生产场地，购买了设备，雇用工人加工金精粉。为了加工厂的管理、经营以及处理与冶炼厂的关系等事宜，王自发聘请在当地具有一定人脉的刘海洋作为加工厂的管理人员，并专门负责与冶炼厂的合同签订、履行等事项；关于报酬问题，王自发向刘海洋承诺，等赚了钱一定不会亏待他，但具体如何报答刘海洋，没有言明。

在与冶炼厂进行交易的过程中，王自发发现可以通过改装车辆（加装暗水箱）来虚增金精粉的重量，从而骗取巨额的货款，就购买了 3 辆运输卡车，让刘海洋、史波涛等一起开到汽车修理厂进行改装。后在向冶炼厂送金精粉时，三辆车的司机按照王自发的指示，事先在装满金精粉的车上加装的暗箱中加水；等整车过完磅后，称量车身自重之前，通过行贿冶炼厂的监督人员，将暗箱中的水偷偷放掉，以此虚增金精粉的重量。

王自发等通过诈骗行为虚增金精粉的货款因结算问题在本案案发前冶炼厂一直没有支付给王自发。在王自发被采取刑事措施后，冶炼厂的财务系统自动将包含诈骗款在内的货款支付给王自发的加工厂账户；后该诈骗货款被王自发的妻子主动退回了冶炼厂。

【追诉经过】

刘海洋在王自发被抓捕后，主动到公安机关投案自首，被公安机关采取取保候审措施。在取保候审期间，刘海洋因提供张某某等三人盗窃罪的重大案件线

索,被认定为有立功表现。公安机关侦查终结后,以刘海洋涉嫌诈骗罪移送检察机关审查起诉,检察机关继续对刘海洋采取取保候审的强制措施,并依法将该案移送人民法院审判。一审法院开庭后,判处刘海洋有期徒刑 3 年 2 个月,并处罚金 5 万元。刘海洋不服一审判决,向市中级人民法院提起上诉;二审法院经书面审理后,裁定驳回上诉,维持原判。

【争论要点】

1. 刘海洋与王自发是否合伙开办加工厂,刘海洋是否为加工厂的股东。上述事实是决定刘海洋系本案的主犯还是从犯的关键因素。

2. 改装车辆诈骗冶炼厂的主意是谁提出来的,是谁主导落实的。上述事实是决定刘海洋与王自发在犯罪中所起作用的重要因素。

【辩护思路】

1. 鉴于刘海洋对自己参与诈骗犯罪的事实自向侦查机关投案之时就一直予以否认;王自发指控刘海洋参与诈骗犯罪的供述自相矛盾且严重违背常理常识;而其他相关人员关于刘海洋是否参与诈骗犯罪的陈述又是听说、猜测的,即所谓传来证据,不具有证据能力,故本案刘海洋是否成立诈骗犯罪本身就是一个争议很大的问题。在案件经过一审人民法院开庭审理之后,鉴于刘海洋及其家属在审判人员劝说下,被迫接受了“本案不可能无罪,只要认罪认罚就可判决缓刑”的观点,我们调整了辩护思路。关于刘海洋无罪的问题,我们提到但不再作为辩护的重点,仅以此使司法人员存疑,从而达到“疑案从轻”的效果,最终还是将重点放在争取对刘海洋适用缓刑的问题上。

2. 根据卷宗中的证据,特别是书证,来严密论证王自发是该加工厂唯一的、实际的老板,所有与诈骗冶炼厂有关的行为,包括但不限于购买车辆、改装车辆、行贿冶炼厂监督人员、案发后积极找人企图摆平此事等行为,均系王自发一人所为或系其安排刘海洋之外的自己的亲信、亲戚所为。在通过上述内容综合论证了王自发在该案中的主犯身份后,确定刘海洋即使是诈骗共犯亦是从犯的身份,为其能判处比王自发更轻的刑罚奠定基础。

3. 王自发被判处 3 年有期徒刑并被适用缓刑,一般情形下作为从犯的刘海洋理应比王自发判处更低、更轻的刑罚。但毕竟刘海洋有前科,这属于酌定从重处罚的情节，虽不是累犯，但对刘海洋的缓刑适用仍存在很大的不利影响。故而，我们建议刘海洋对部分犯罪事实（其最初不承认的）表示认可，以争取检察机关、审判机关对其自首的认定；并建议刘海洋主动找到冶炼厂赔礼道歉，其最终也获取了冶炼厂的谅解。这样刘海洋在本案中除作为从犯外，还具有相对王自发来说的三个从轻情节：自首、立功、被害人谅解，确保刘海洋能被适用缓刑。

【一审辩词摘要】

一、刘海洋没有与王自发合伙经营加工厂，不是合伙人

1. 根据王自发、周建斌等的供述可知：买金精粉的钱，买车、改装车、修车的钱，给冶炼厂工人送礼、送钱，支付化验费，支付工人工资等所有经营金精粉生意的支出全由王自发承担，这种情况下出资1000万元的王自发和仅提供劳务的刘海洋五五分成，不符合常理！王自发供述买金精粉的钱都是自己的，卖给王自发金精粉的谌德全也证实金精粉是王自发买的。而杨青波、赵宏江等主观认为金精粉是王自发和刘海洋的，是因为他们并不知道金精粉是谁出钱买的。很明显，金精粉当然是出钱的王自发的，不是刘海洋的，这个客观事实不会因为杨青波、赵宏江等的主观认识而改变。

2. 根据王自发、谌德全的陈述可知：存放金精粉的场地是王自发租用谌德全的，刘海洋没有参与。

3. 实际送货的三个司机和押车的杨青波、赵宏江中，杨青波是王自发的连襟，赵宏江是刘海洋介绍给王自发的，这两人和三个司机的工资都是王自发出的。所以，刘海洋并未实际负责或控制送货事宜。

4. 关于结算：谌德全、苏某某（王自发妻子）的证言显示，涉案期间的18车金精粉，800多万元款项已经全部结算给了王自发；根据冶炼厂员工李某某、孟某某、董某证言，冶炼厂的系统自动和供货方进行结算，且款项只能支付到合同相对方（任项牢）的账户（由王自发控制）。所以，刘海洋并未负责结算事宜。

5. 直接显示刘海洋为合伙人的只有王自发的证言，属于孤证，不能采信；同时王自发供述的合伙份额（王自发50%，刘海洋25%，赵宏江和史波涛每人12.5%）也没有其他证据证明（刘海洋、赵宏江、史波涛都不认可）。

综上，买卖金精粉所有的钱是王自发出的，金精粉是王自发去买的，场地是王自发租的，而供述刘海洋为合伙人的仅有王自发的供述，且没有其他证据佐证,属于孤证,不能采信,刘海洋仅参与协调与冶炼厂的关系,没有负责结算。所以,现有证据不能证实刘海洋是王自发的合伙人。

退一步讲,假设刘海洋是合伙人(不出资,仅提供劳务),但加工厂的全部资金都来源于王自发,货款也是由王自发接收控制,即使分红也是由王自发决定是否分、分多少;所以,在整个经营的款项支付和利润分配上,王自发都是起主导性、决定性作用。同时,根据王自发的相关供述,虽不稳定但也能证实:刘海洋份额比王自发少、经营决策要得到王自发认可;所以,无论是从经营决策上,还是从资金支配上,刘海洋的地位和作用远比王自发要小。

二、对车辆改装并加水冒充金精粉的方式不是刘海洋提出的

对于加水冒充金精粉的方式是谁提出的,刘海洋供述不知道;赵宏江供述不清楚;王自发供述了三次,第一次和第三次说是刘海洋提出的,并且说当时刘海洋跟他说的时候,就他俩在场;第二次供述忘了是刘海洋还是杨青波跟他说的。杨青波供述:王自发告诉我是刘海洋出的主意,当时就我俩在场;同时,在(2019)豫1203刑初129号刑事判决书中,证人杨青波的证言证明:料场是王自发的,金精粉是王自发购买的,货主是王自发,是王自发提出要改装向冶炼厂送金精粉的车的夹层并注水冒充金精粉重量的。

综上,杨青波的供述前后矛盾,且供述"主意是刘海洋出的"系听王自发说的,属于传来证据,应以传言来源王自发的供述为准;而王自发供述不仅前后有矛盾,最重要的是没有其他证据佐证,属于孤证,不能采信。另外,(2019)豫1203刑初129号刑事判决书中的证据显示:是王自发提出要在车上进行改装并注水冒充金精粉。所以,加水冒充金精粉到底是王自发提出的还是刘海洋提出的,无法准确得知,但起码现有证据不能证实是刘海洋提出的。

三、刘海洋并未指使改装车辆

首先,三辆车都是王自发出钱购买的,这是一个不争的事实。

其次,根据修理厂老板赵某某证言:三辆车是史波涛让改装的,改装费是史波涛的现金结算的。史波涛结算的改装费是从周建斌处领取的,周建斌说是经王自发同意后支付给史波涛的。

综上,事实已经很清楚,王自发出钱买了三辆车,让史波涛负责到修理厂改装车辆,改装之后,史波涛从周建斌(王自发)处领取改装费支付给修理厂。同时也能证实,王自发知道并且参与了车辆的购买、改装、费用支付。更证实了王自发关于“刘海洋给我说往车里边加点水，具体怎么操作的我没有管，是刘海洋、杨青波、赵宏江他们办的。我们买完这三辆车后，刘海洋就牵头去改装这个车辆，我也不知道三辆车在哪儿改装的……史波涛从周建斌那儿支取改装费没有给我汇报过”的供述不可信，也说明王自发为了减轻自己的罪责而推卸责任。

四、杨青波给冶炼厂负责冲车员工送礼、送钱的行为，刘海洋不知情，也未参与

冶炼厂负责冲车工作的员工张某的证言证实：小杨（杨青波）请冲车班的人吃饭，吃饭期间给张某一个信封，里面有2000元现金。肖某某的证言证实：收受了送金精粉的小杨（杨青波）的现金共计3400元左右。杨青波供述：送的钱是从会计周建斌处拿的。周建斌的证言显示：王自发在我的融丰卡上放了一部分钱，厂里边的人用钱会经王自发同意后从我这预支。所以，送礼的钱是王自发安排的，送礼、送钱的人是王自发的连襟杨青波，刘海洋对于此事并不知情，也未参与。

五、刘海洋具有自首情节、立功表现，该起犯罪系犯罪未遂，刘海洋系从犯并获得了受害人谅解，应当对其减轻处罚，并适用缓刑

1. 刘海洋于2019年10月9日主动到公安机关投案，并如实供述了自己参与并知悉的共同犯罪事实，属于自首。

2. 刘海洋于2019年12月27日向灵宝市公安局民警提供其他案件犯罪嫌疑人的藏匿地址，协助抓捕其他犯罪嫌疑人，属于立功。

3. 根据（2019）豫1203刑初129号刑事判决书显示，该起诈骗犯罪因意志外原因未能得逞，系犯罪未遂。

4. 该起诈骗犯罪中，刘海洋仅是提供了帮助行为，未参与诈骗的实行行为，作用较小，系从犯。

5. 被害人已经对刘海洋的行为予以谅解，并出具书面谅解书，建议司法机关对刘海洋的犯罪行为依法从宽处理。

综上，应当对刘海洋减轻处罚，并适用缓刑。

【二审辩词摘要】

一、根据一审法院认定的量刑情节及检察机关的量刑建议，应当对刘海洋适用缓刑；但一审最终判决刘海洋3年2个月有期徒刑，违反罪责刑相适应原则，更严重偏离一般的司法认知，量刑畸重

（一）刘海洋比主犯王自发具有诸多减轻、从轻处罚情节

检察机关依法适用认罪认罚制度，认为刘海洋认罪认罚，且具有自首、犯罪未遂、从犯、立功、取得受害单位谅解5个减轻、从轻量刑情节，虽其具有犯罪前科的酌定从重量刑情节，但结合主犯王自发被法院适用缓刑的前提条件下，建议一审人民法院对法定减轻、从轻情节更多的刘海洋也适用缓刑。

（二）一审量刑严重失衡

本案主犯王自发具有自首、犯罪未遂、退赃的量刑情节，在检察机关建议判处实刑的情况下，一审人民却判处3年有期徒刑缓期4年执行；而刘海洋在本案中相对主犯王自发罪责较轻，且有立功表现，在检察机关建议适用缓刑的情况下，却被判处3年2个月的实刑，且比王自发还重！

虽然上诉人有犯罪前科，但前科酌情从重仅属于刑事政策的精神之一，而非法定情节，且在上诉人法定减轻、从轻情节比王自发更多的情况下，显然不能判的比王自发重。

另外，刘海洋（从犯）是给王自发（主犯）打工的，诈骗所得全部归王自发所有，刘海洋一分钱也未拿到，不存在退赃问题。且王自发的退赃行为对全案被告（包括但不限于刘海洋）都有效，是所有被告的酌定从轻情节。

综上，一审判决结果违反罪责刑相适应原则，更严重偏离一般的司法认知，对刘海洋的量刑畸重。

二、一审判决违背了认罪认罚制度，更违反了《刑事诉讼法》第201条及《最高人民法院、最高人民检察院、公安部、国家安全部、司法部关于适用认罪认罚从宽制度的指导意见》第40条的规定

本案的诈骗犯罪事实清楚，证据确实、充分，刘海洋认罪认罚，检察机关指控的罪名准确，量刑建议适当，根据《刑事诉讼法》第201条及《最高人民法院、最高人民检察院、公安部、国家安全部、司法部关于适用认罪认罚从宽制度的指导意见》第40条规定，对于事实清楚，证据确实、充分，指控的罪名准确，量刑建议适

当的,人民法院应当采纳。但本案一审法院在没有例外情形的情况下,却未采纳检察机关的量刑建议,且加重了对刘海洋的处罚,违背了认罪认罚制度的初衷,更违反了《刑事诉讼法》第 201 条的规定。

3 张喜梅赌博诈骗案

——在赌博过程中实施“打通牌”形式的诈骗行为与一般诈骗行为的社会危害性有别，应相比一般诈骗犯罪从宽处罚

【案情简介】

张喜梅按照其二姨张小慧的安排，多次伙同张小慧召集的梁花、刁玲玲和时任县税务局副局长的刘某某一起打麻将赌博。为了赢得刘某某的钱，张小慧指使张喜梅、梁花、刁玲玲三人与其一起串通起来“打通牌”，即使用手势、暗语等方法沟通自己需要的牌，打出别人需要的牌。通过此办法，五人在一起打麻将的半年期间，刘某某一共输掉了将近200万元。每次打牌结束后，五人一般通过手机银行进行转账支付，张小慧事后一般会通过手机银行转给张喜梅、梁花、刁玲玲500元到1000元不等的酬金。后刘某某因贪污税务局公款案发，监察机关在侦破其贪污案时发现张小慧等有诈骗嫌疑，将该线索移交至公安机关。

【追诉经过】

县公安机关接受监察委员会移交的线索后，经初步调查核实，对张小慧、张喜梅、梁花、刁玲玲等以诈骗罪立案侦查，侦查终结后以诈骗罪移交至县检察机关审查起诉，县检察机关以诈骗罪移送县人民法院审判，县人民法院最终以诈骗罪判处张喜梅有期徒刑3年，缓期5年执行，其他三名被告亦受到相应的刑事处罚；四被告均服判而没有上诉。

【争论要点】

1. 张喜梅的行为是构成以赌博为形式的诈骗犯罪，还是构成含有诈骗成分的赌博犯罪。

2. 若本案认定为诈骗犯罪，则四被告的犯罪数额应如何加以认定。因四被

告均承认在打牌过程中，因各人的特殊情况，发生过相互借钱的事情，但借过几笔、数额多大、怎么归还的具体情形不详；且四被告人之间不但存在手机银行转账的情形，亦多次存在现金的支付，并有免除输赢钱款的尾数或打折的情形。因此，判断四人的诈骗数额，特别是每个人的犯罪数额成为难题。

3. 鉴于本案与一般典型诈骗犯罪的明显不同，对张喜梅等应如何量刑。

【辩护思路】

笔者接受张喜梅的委托后，经认真研判案件事实、法律规定和司法案例，认为张喜梅等的行为应成立赌博罪，而非诈骗罪。退一步说，即使张喜梅等的行为成立诈骗罪，也应与一般的诈骗罪处罚不同，对其应从宽处罚。

首先，根据案件本身的特殊情况，尽量找出本案成立赌博罪的事实特点、法律和司法解释依据、之前该类型案件以赌博罪处罚的相似案例来论证涉案行为成立赌博罪。即使司法人员不接受该观点，也可以使其得知本案成立诈骗罪存疑或有成立赌博罪的可能性，从而影响其在对张喜梅量刑时的内心确信，强化其从轻处罚张喜梅的观念。

其次，本案在以诈骗罪定罪时，对犯罪数额不能准确加以认定，即使根据“就低原则”认定诈骗犯罪数额，本案亦存在很大的争议。特别是四人均认可他们长期以来相互间短期借款的事实，更是对本案犯罪数额的认定造成了很大的影响，这是辩护中力争证实本案“事实不清”的焦点。

最后，张喜梅受教唆而参与赌博，且对自己行为的法律性质认识错误，以及其家庭的特殊原因——离异和独自照顾上学的儿子，成为我们建议司法机关对其适用缓刑的重要理由。

【辩词摘要】

一、张喜梅的行为成立赌博罪，而非诈骗罪

张喜梅受张小慧的唆使和教唆，参与到与刘某某、梁花、刁玲玲等的赌博活动中。赌博是以运气的好坏决定输赢结果的一种游戏，其结果是赢是输具有不确定性，否则就不是赌博了。当然，赌技高明的人相比赌技一般的人赢钱的概率会更大，这在偶然的赌博中亦能体现出来，是一个社会公众所广为认知的客观事实。对于固定的、经常在一起从事同一类型赌博游戏的人而言，技术的高低明显可以左右,甚至决定最终的输赢结果,但这仍然属于赌博行为的范畴。即使在赌博过程中,参与人采用一些虚假的动作、神情等欺骗别人,使别人对自己的底牌判断失误,从而赢了对方,也仍然不应排除赌博的性质,不属于一般意义上的诈骗,更非诈骗犯罪。

本案中,张小慧、刘某某两人均嗜赌如命,且张小慧的打牌技巧、对已出牌和将出牌的理解和记忆能力远远高于刘某某;而刘某某虽然迷上打牌,但打牌的水平较低,这也是本案中刘某某与四被告一起打了半年的牌,输掉了 200 万元巨款,却一直没意识到自己是被设局诈骗的根本原因——其一直认为是自己牌技不如人的缘故。故而,本案中,即使四被告不打通牌、不打暗语和手势来配合,刘某某仍然摆脱不了输钱的命运和结局。

况且,侦查机关是根据四人半年来的手机银行转账记录,加上四人的供述来认定本案涉嫌诈骗的犯罪数额的。鉴于上述原因,在刘某某输掉的 200 万元中,到底哪些属于正常所输、哪些属于因四被告打通牌而被骗所输,并不能具体区分开来,也即诈骗犯罪的数额到底是多少无法进行准确界定。而且,四人均承认在打牌过程中,也曾采取现金交易的方式,采用现金交易的方式发生的诈骗行为的数额无法确定;再加上四人均承认在打牌期间,相互间曾进行过正常的借贷行为,但对借贷的笔数和数额却记不清楚,以及存在四人大多通过手机银行转账,但有时通过现金相互支付的情形,导致准确认定四被告的诈骗数额成为一个困局。这也导致实际上无法认定四人是否成立诈骗犯罪,进而难以决定对他们在何种处罚幅度内量刑。

如果将四被告的行为认定为赌博犯罪,则不存在这一法律障碍。赌博罪的构成仅要求以营利为目的,聚众赌博或者以赌博为业,不像诈骗罪有严格的犯罪数额标准限制。而一旦该案按照赌博罪定罪处罚,则对四被告的处罚将在 3 年以下有期徒刑、拘役或者管制的幅度内量刑,远远低于按照诈骗罪在 10 年以上有期徒刑幅度内定罪量刑的刑罚。这也是笔者在辩护中否定诈骗罪,但承认、建议按赌博罪定罪处罚的理由。

二、如果将本案定性为诈骗罪,也应考虑本案的特殊情形,对四被告从宽处罚

相关司法解释多次对涉及赌博行为中的欺诈、以赌博为名义的欺诈行为作出相关解释和规制,足见与赌博有关的欺诈犯罪多发而且与一般的诈骗犯罪是有交叉、牵连和区别的。诈骗罪一般是以非法占有为目的，采用欺骗方法使被害人主动交出其财产。在诈骗犯罪中，诈骗分子具有占有他人钱财的目的、预谋诈骗的结果是肯定的，不会存在意外的情形。而在本案中，被告四人一起打麻将赌博，其输赢的结果本身就具有很大的不确定性，被告人和被害人均作出过陈述，在赌博的过程中，曾多次出现自摸而赢，甚至刚拿到整牌就赢的情形，足可证明其输赢的结果并不确定；被告四人也会输钱，而且事实上也输过钱，这些情形足以排除四被告存在打通牌、使暗语、打手势等行为。

结合本案的实际情形，四被告的打牌技术均比刘某某的打牌技术高得多，刘某某输钱的结果几乎是确定无疑的。仅是四被告有打通牌的作假行为，导致刘某某输钱的概率更大、输钱的期间更短而已。故而，即使认定四被告的行为成立诈骗罪，也应考虑这一特殊情形，对四被告从宽处理。

三、张喜梅具有重大立功情节，应该减轻处罚；且其有正在读高中的儿子需要抚养，应考虑对其适用缓刑

张喜梅在案发被刑事羁押后，积极举报之前曾经偶然知悉的他人的犯罪事实和线索，并将之告知公安机关。公安机关依据张喜梅的举报，抓获了因故意杀人而被通缉的重大刑事犯罪分子张某某，且张某某被抓获后对其故意杀人的犯罪事实供认不讳；张某某的犯罪事实在本案开庭审理之前，已被司法机关确定。张喜梅的该行为属于重大立功，如果认定其成立诈骗犯罪，应当对其减轻处罚。

张喜梅与其丈夫已经离异 3 年，其唯一的儿子归其扶养和照料，而该儿子正在高中读书，日常的生活离不开张喜梅的照料，若对张喜梅实行羁押的刑罚措施，将直接导致其儿子的正常生活、成长受到极大的不良影响，故而应该考虑对其适用缓刑。

4 李楷文电信诈骗案

——为电信诈骗集团提供业务上的中立帮助行为，
不成立诈骗罪的共同犯罪

【案情简介】

李楷文大学毕业后应聘到深圳市一家国有重点研究机构上班，后在国家“下海经商”政策的影响下，辞职开办了三家公司：一家为专业代办公司注册业务的公司——深圳市英联财务顾问有限公司（以下简称英联公司），一家为从事微信公众号制作等事项的科技服务公司，一家为社区居民生活提供“一条龙”服务的综合公司。专业从事电信诈骗行为的、以蔡东平为首的犯罪集团，经过熟人的介绍到李楷文代为注册公司的公司办公室，委托李楷文的公司为其代为注册一家科技公司——深圳市云搜天下科技有限公司（以下简称云搜公司），并按要求缴纳了代理费用。在办理代为注册公司业务的过程中，蔡东平得知李楷文还有一家可以从事微信公众号制作等业务的科技服务公司，就与其洽谈，委托李楷文的该科技服务公司为蔡东平新注册的公司提供制作微信公众号的服务，具体制作费用根据具体微信公众号的制作难度由双方到时具体确定，并约定双方建立长期合作关系，制作微信公众号的费用每月底结算一次，价格相比正常的市场价优惠 30%。

两人合作期间，李楷文的公司承接了蔡东平的公司大量的制作微信公众号业务，并收取费用 60 余万元；同时，蔡东平公司亦多次从李楷文开办的综合公司购买电脑、电话、充电宝等电子产品。后蔡东平及其犯罪集团的诈骗犯罪活动被公安机关查获，公安机关将李楷文作为诈骗罪的共犯立案侦查。

【追诉经过】

李楷文在购票搭乘飞机出差时，发现自己的身份证被公安机关监管，就主动与办理本案的公安机关电话联系，并按要求到公安机关说明自己参与本案的事实。公安机关对李楷文采取了拘留的刑事强制措施，并将之移送至县检察机关审查起诉。审查起诉部门审查后，以李楷文成立诈骗罪移交县人民法院审判。一审法院判决李楷文成立诈骗罪，判处其有期徒刑3年，缓期4年执行，并处罚金10万元，追缴其非法所得60万元。李楷文服从一审判决，没有上诉；检察机关没有抗诉，一审判决发生法律效力。

【争论要点】

1. 李楷文在对蔡东平的诈骗行为没有认知的前提下，帮助蔡东平从事诈骗犯罪的实行行为，在其合法开办的公司的合法营业范围内按照蔡东平提供的资料和要求，帮其制作微信公众号并加以维护和管理，同时收取相应的费用，是否成立诈骗罪。

2. 蔡东平的供述指控李楷文是公司的股东，且按照蔡东平指证的李楷文在云搜公司中的股份（10% ~15%）分红所计算出的数额，与李楷文收取的制作微信公众号的费用基本相同时，能否得出李楷文是该诈骗公司股东的唯一结论。

3. 李楷文在本案中若成立诈骗犯罪，是成立主犯还是从犯，应该如何对之进行处罚。

4. 电子证据在没有合法来源的情况下，虽其记载的相关转账记录与公安机关依法调取的银行转账记录基本一致，但是否具备证据能力，能否进入刑事诉讼程序中。

【辩护思路】

首先，笔者在认真研判案件事实，并到深圳市相关单位进行走访和取证后，得到李楷文不成立诈骗罪的大量书证以及相关行政机关、行业协会出具的李楷文的涉案行为属正常经营行为的证明，确定了李楷文不成立诈骗罪的基本前提。

其次，笔者根据侦查机关提供的相关书证，通过逻辑推理、数学计算，得出与公诉机关认定李楷文是诈骗公司股东的截然相反的结论——李楷文非诈骗公司股东。根据行业协会的证明，正常情况下制作一个微信公众号的费用，恰好与李楷文公司收到的费用基本相等，即本案可能存在另一种与公诉机关所指控的案件事实截然不同的事实。因此，本案中李楷文是否是诈骗公司的股东也存在合理的疑问。根据现行法律规定,有疑问的事实依法不应采纳。

再次,笔者基于蔡东平等供述的反复性、不合常理性等,对蔡东平等指控李楷文参与诈骗犯罪的口供进行反驳,否定其真实性、合法性、合理性,进一步强化笔者认为李楷文不成立诈骗罪的理由。

最后,笔者找出明确的法律依据以及两个相关判例,论证李楷文的行为成立自首,其对自己行为性质的辩解并不影响其自首的成立。审判机关如果判定李楷文成立诈骗罪,则应考虑其自首、从犯、积极退赃、积极缴纳罚金等从轻处罚情节,对之适用缓刑。

本案最终的判决结果虽然认定李楷文成立诈骗罪,但对其从轻判处刑罚并适用缓刑,达到了被告人及其家属的预期目的。

【辩词摘要】

一、现有证据不足以证明李楷文成立诈骗罪

(一)李楷文非云搜公司的股东,其代为注册云搜公司是正常、合法的业务行为

1. 李楷文非云搜公司的股东

卷中证据及辩护人提交的证据,特别是法定的工商登记机关关于云搜公司的成立文件、纳税文件、清算文件中均明确云搜公司的股东为蔡晓玲、焦云涛、古营三人,并没有李楷文。云搜公司是蔡东平(丁志、蔡志诚为其另外2个化名)为进行诈骗犯罪所设,是以其妻子蔡晓玲的名义注册成立的公司;蔡东平是该公司的实际控制人和大股东;焦云涛的另一个假名叫赵云峰;古营的另一个假名叫顾仁。

2. 李楷文的英联公司代为注册云搜公司的行为是正常、合法的业务行为,李楷文对云搜公司成立后的运作、经营等所有事项均不具有任何管理、监督的义务

卷中证据及辩护人提交的证据显示,李楷文在2012年2月27日注册成立了英联公司,该公司系李楷文一人独资,李楷文担任法定代表人。公司的业务范围包括企业管理咨询、代理记账及相关业务咨询,其中包括受托为他人代为注册公司;曾受托代为注册过多家企业(如深圳市美丽支架电子商务有限公司、深圳市天眼财经文化传播有限公司、深圳市大成思远科技有限公司、深圳市联越科技有限公司、深圳市鹏商投资顾问有限公司)。

2014年2月11日,蔡东平到李楷文的英联公司咨询代为注册云搜公司的事

宜,之前蔡东平与李楷文并不认识,甚至连面也未见过。蔡东平与李楷文商定代为注册云搜公司的费用为1700元后,蔡东平当天将该款项打入英联公司账户,李楷文当时就安排英联公司职员杨炳辉具体承办该项业务。杨炳辉于2014年2月12日带着蔡东平提供的蔡晓玲、焦云涛、古营的身份证到工商登记机关注册成立了云搜公司。

卷中没有任何证据显示李楷文与蔡东平在2014年2月11日发生业务之前就已认识,更未显示两人有任何商量、沟通云搜公司成立的目的、经营等事项的行为。显然,李楷文的英联公司代为注册云搜公司是正常的业务行为。即使蔡东平在注册该公司时打算以该公司为平台进行诈骗,但鉴于李楷文对此并不知情,故而李楷文的英联公司代为注册"骗子公司"的行为与事后蔡东平等实施的诈骗行为并无刑事法律上的因果关系——因为李楷文的英联公司只是代为注册公司,对代为注册的公司之后的经营、管理活动等所有事项一概不负任何法律责任。

英联公司从2012年注册成立起,直到现在仍然合法存在——合法纳税、合法经营、合法开展为他人代为记账的业务。卷中证据也显示,云搜公司委托英联公司代为记账,并按照正常的服务价格为英联公司缴纳代为记账费用。如果云搜公司是李楷文主导的诈骗公司,李楷文还会向云搜公司收取代为记账费用吗?如果云搜公司是李楷文主导的诈骗公司,李楷文还会向蔡东平收取代为注册的费用吗?显然都不会!

3. 李楷文未在云搜公司出过资

卷中证据以及庭审查清的事实显示,李楷文与蔡东平在2014年2月11日因代为注册云搜公司的业务而认识,蔡东平自称是汕头人,恰好与李楷文是老乡,因而李楷文对其比较信任;而且因为英联公司在云搜公司的隔壁办公,故而李楷文才与蔡东平有所接触。蔡东平知道李楷文在深圳市还有一家伊莱恩公司,该公司的经营范围有国内贸易、电子商务等,其中电子商务包含微信商城、微信公众号的制作和办理,就告诉李楷文其以后可能有大量的微信商城、微信公众号业务委托李楷文制作,并与李楷文商谈了制作微信商城、微信公众号的收费事宜。李楷文是在2013年11月26日注册成立的伊莱恩公司,期间为多人、多家企业制作过公众号,同时还经营移动电源、电子打印机等业务;至本案审理时伊莱恩公司仍然合法存在。

在云搜公司成立半个月之后的一天(2014 年 2 月 28 日),蔡东平到李楷文的英联公司找李楷文,说公司刚开始经营、资金紧张,想向李楷文借 3 万元,借用 1 个月的时间就还。李楷文由于与蔡东平存在老乡关系,而且想以后继续承接云搜公司的业务,就答应了其请求,并当场应蔡东平的要求用支付宝给蔡东平转了 3 万元。其间,蔡东平曾提出让李楷文也入股云搜公司,直接将该 3 万元借款作为入股款,但被李楷文拒绝;因此,蔡东平于 1 个月后(2014 年 3 月 27 日)依借钱时的约定将该 3 万元还给了李楷文。所以,该 3 万元是借款,而不是出资款或入股款,不能用来证明李楷文是云搜公司的股东。

4. 李楷文未从云搜公司得到分红,未在云搜公司报销过任何票据

卷中公诉机关提供了一份云搜公司的财务明细账(所谓的"业绩表"),该账目系侦查机关在办理另外一起诈骗案件时,从湖南备欣科技公司(以下简称备欣公司)扣押的一个 U 盘中打印出来的,但是该证据存在以下疑问。

(1)该 U 盘没有证据能力,不能作为证据使用。先不管该 U 盘的内容是否真实,仅该 U 盘能否作为证据使用,是否具有证据能力就存在疑问。首先,对于 U 盘的提取、扣押,卷中证据均没有显示,而且该 U 盘是谁制作的、何时制作的、依据什么制作的,为何会存在于与本案没有任何牵连的备欣公司等,卷中均无任何证据加以说明或证明。其次,在与本案牵连的另外的案件以及本案中,公诉人、辩护人均多次要求侦查机关对涉及该 U 盘的上述问题给予调查落实,但侦查机关一直未能提供任何信息。

(2)该 U 盘的内容虽部分与侦查机关调取的银行转账凭证相符,具有有限的契合性,但不能以此认定该 U 盘记载的所有内容都真实,更不能用来作为指控李楷文是云搜公司股东的证据。理由如下:

第一,银行记录显示的 2014 年 2 月 11 日蔡东平转给李楷文的 1700 元是真实的,但如上所说,这是云搜公司的注册款,是李楷文为蔡东平注册公司的合法收入,不能证实李楷文是云搜公司的股东。

第二,银行记录显示的在 2014 年 3 月 12 日、2014 年 3 月 24 日、2014 年 5 月 19 日、2014 年 5 月 31 日、2014 年 6 月 3 日、2014 年 6 月 17 日、2014 年 7 月 29 日、2014 年 8 月 14 日、2014 年 10 月 20 日、2015 年 1 月 16 日备注的所谓"成转的款""公司报销的 1280 元""报销的钱""往来""转账""网址费""分的红""工资"等实际上是在银行办理业务时随手编写的项目,并不能证明上述项目真实发生

过。何况在 2014 年 9 月 2 日、2015 年 1 月 16 日，银行明细的备注中没有填写任何东西，没有信息就不能够证明转款事实发生了吗？事实上，这些记录仅是蔡东平或其他人在银行办理转账业务时单方填写的内容，并不代表其他人特别是李楷文的意思，其只能证实这些款项真实发生，并不能证明转款的目的。特别是 2014 年 3 月 27 日蔡东平转给李楷文的 3 万元，上面所述已经证明这是蔡东平归还的 3 万元借款，不能仅凭蔡东平一人的口供就认定为分红款。值得注意的是，从 2014 年 2 月 28 日到 2014 年 3 月 27 日也恰好是 1 个月的时间，侧面证实了李楷文所述 3 万元"借款""期限 1 个月"的真实性，否定了蔡东平所述为分红款的真实性。退一步说，如果说凭该银行转账凭证上备注的"分红"两个字就认定该款项是给李楷文的"分红"，那么因为其他转账给李楷文的凭证上没有备注是"分红"(有两笔没有任何标记)，就不应认定是李楷文的"分红"。依照如此逻辑，李楷文只可能分红 3 万元，而不是 60 余万元！

第三，明细账中显示的云搜公司 3 ~7 月工资发放表、4 ~9 月的收支明细，与上述银行记录是同样的道理，是蔡东平或其他人单方记录的，其他人特别是李楷文以前根本就没见过这些东西，不能证实李楷文曾经在云搜公司领过工资、在云搜公司报销过费用；充其量只能证实蔡东平给李楷文支付费用的数额和时间——这个李楷文也不否认。虽然因为时间长了，李楷文对好多事情特别是具体的交易数额、名目记不清了，但其承认自己的伊莱恩公司与云搜公司有业务来往，承认自己因该业务来往从蔡东平处获得了收入。然而其对这些资金性质的认识与蔡东平相反。

(3)李楷文开办的公司是依法注册成立的企业，从事接受委托代理注册公司以及为需要微信公众号的企业制作微信公众号的业务来获取利润。制作微信公众号的收费标准一般情况下为每个微信公众号 1 万元，可以在小范围内浮动：给予个别客户一定的优惠(低于 1 万元)，对个别增添公众号内容的客户加收一定的费用(高于 1 万元)。故而，每一个公众号的交易价款是不一样的，比如明细账上显示的窗帘布艺、增加模板等就要额外增加钱；这些项目是李楷文与蔡东平隔一段时间结账时与蔡东平谈增减价钱的依据、标准，并不是李楷文在云搜公司报销的钱——虽然这些超过 1 万元的钱是额外计算、支付的。至于微信打印机、软件、石材扫描仪等是李楷文的伊莱恩公司经营的产品，是正常出售给云搜公司的，只不过在结算微信公众号费用时附带一并计算罢了，并不属于李楷文的报销费用。微信公众号注册费用等亦是如此:李楷文帮助制作一个微信公众号收费1万元,但并不包括微信公众号的注册费用(该费用需要使用人向腾讯公司购买),购买微信公众号的费用仍然要由云搜公司自己承担,故而李楷文才将这些费用与制作微信公众号的费用一起与蔡东平进行结算。

5.卷中蔡东平、丁志伙等的证言不能证明李楷文是云搜公司的股东

卷中只有蔡东平、丁志伙指控李楷文是云搜公司的股东,而其他人证实了"李楷文不是云搜公司的股东",雷学兵没有参与云搜公司的诈骗活动,没有指控也不可能指控李楷文是云搜公司的股东;李秋的笔录证实云搜公司的老板是蔡志诚(蔡东平有丁志和蔡志诚两个化名),经理有江根平、顾仁(古营的化名)、赵云峰(焦云涛的化名),而没有李楷文;吴方俊的笔录证实云搜公司的股东是蔡志成、廖升平、焦云涛、顾仁,也没有李楷文。侦查机关、公诉机关在起诉意见书、起诉书以及在庭审中将上述三人的笔录作为指控李楷文是云搜公司的股东之证据,是明显不当的。

而蔡东平和丁志伙指控李楷文是云搜公司股东的证词,亦是明显不合常理的。理由如下:

(1)关于丁志伙的笔录。丁志伙是蔡东平的亲哥哥,是蔡东平让其向渑池公安机关投案自首的。丁志伙共有3次笔录:第1次(2018年6月27日)投案时的笔录供述云搜公司的股东"除了我弟蔡东平之外,还有廖升平,还有两个人我不知道叫什么名字",没有指控李楷文是股东;而另外的两个股东根据卷中书证应为焦云涛和古营。理由是:云搜公司注册成立后,营业执照、工商登记等均挂贴在云搜公司的办公场所内,丁志伙等均可由此知道云搜公司的股东除蔡东平之外,还有焦云涛和古营。第2次(2018年8月2日)笔录没有涉及云搜公司的股东问题,仅是宣布逮捕文书。第3次(2018年8月28日)笔录是在李楷文被批准逮捕的前夕而作的。这次笔录中丁志伙竟然奇迹般地指控李楷文是云搜公司的股东——丁志伙在投案自首的时候,不知道李楷文是云搜公司的股东;丁志伙在离事件发生较近的2018年6月没有记起李楷文是云搜公司的股东,却在后来的2018年8月28日突然记起"李"是云搜公司的股东——但不知道"李"的全名叫什么!而且,云搜公司的股东,以及其他诈骗业务骨干用的都是假名,而李楷文用的是真名;单从丁志伙记不清李楷文的名字这点,就可证实丁志伙与李楷文并不熟悉,加之李楷文又不是工商登记中云搜公司的股东,故而丁志伙不可能也不

应该知道李楷文是云搜公司的股东！至于侦查机关让丁志伙辨认出“李”就是李楷文,没有任何的法律意义。

李楷文的英联公司、伊莱恩公司在云搜公司隔壁,李楷文本身就是英联公司和伊莱恩公司的负责人,故而不排除丁志伙见过李楷文,不排除丁志伙听别人叫李楷文老板,但总不会具体叫李楷文为哪个公司的老板吧,更不可能直接叫李楷文“云搜的李老板”吧？根据一般社会常识,因李楷文是名下有三个公司的老板,李楷文公司的员工见到李楷文喊他“老板”或“李总”是正常的,其他人或其他公司的员工见到李楷文喊他“李老板”或“李总”亦是非常正常的。但这并不能证实李楷文就是哪个公司的“李老板”或“李总”,更不能证实李楷文是哪个公司的股东！上述事实在法庭调查中已经予以进一步确认。

卷中证据能够证实的本案事实是:李楷文压根不认识丁志伙！而丁志伙从事的是蔡东平领导、指挥的具体诈骗活动(利用骗子“术语表”、冒充买家或中介),其从来没有在李楷文负责的制作微信公众号的公司工作过,也没有如丁志伙所述的在“李楷文负责技术工作”的部门工作过。如此,丁志伙依据什么指控李楷文是云搜公司的股东？丁志伙如果知道李楷文是云搜公司的股东,只可能是别的“知情人”告诉他的,但这别的“知情人”是谁、怎么告诉丁志伙的、为什么告诉丁志伙等,卷中证据一概没有提起。辩护人可以推定,此人只能是丁志伙的亲哥哥蔡东平。但这样的话,丁志伙的证言实际上属于“传来证言”,其真实性要根据传来源的真实性来认定,其本身单独并不具有证据效力。而且,究竟蔡东平在被羁押期间是如何“指使”丁志伙的,恳请法庭依法给予查清。

另外,虽然雷学兵与李楷文没有交集,但雷学兵的笔录,以及庭审中雷学兵的陈述也与上述蹊跷事实相呼应:雷学兵也是蔡东平的亲戚,是蔡东平的“老表”。蔡东平是在被羁押的渑池看守所中直接给雷学兵打的电话,且交代其一定要到看守所找管教干警齐某某投案,而不是直接到侦查办案机关投案。蔡东平、管教干警的上述行为是明显违背相关法律规定的。

(2)蔡东平指控李楷文是云搜公司股东的证言明显漏洞百出,不符合一般常理。卷中蔡东平共有 4 次笔录涉及李楷文是否是云搜公司的股东。第 1 次(2018 年 3 月 18 日)笔录供述“公司的股东有我、古营、廖升平及焦云涛;公司主要是我和老李在运营”。该次笔录否定李楷文是云搜公司的股东,仅是说云搜公司是“我和老李在运营”。卷中证据也证实,云搜公司是蔡东平用其妻子蔡晓玲的名字注册成立,目的就是从事诈骗活动,诈骗活动由蔡东平一手策划、管理(其以前在深圳中搜网络科技有限公司深圳分公司从事的就是这样的诈骗行为),所有的诈骗活动确实是蔡东平在负责。而实施诈骗活动需要制作微信公众号——这也是该类诈骗活动中唯一的一个需要脑力、物力、技术进行劳动才能得到的成果,是由李楷文的伊莱恩公司负责制作的,故而,其说公司由"我和老李在负责"——蔡东平负责诈骗,李楷文负责制作公众号的技术,并没有错误!至于蔡东平提到的"老李"出资的问题,先后有不同的版本,反复变化:第 1 次(2018 年 3 月 18 日)其说自己是实际控制人,出资 10 万元,占 50% 股份;李楷文出资 3 万元,占 15% 股份。第 2 次(2018 年 5 月 20 日)其说自己出资 2 万元,占 10% ~ 15% 股份,李楷文是实际运作人。第 3 次(2018 年 5 月 23 日)其说自己出资 2 万元,占 10% 股份,李楷文占 45% 股份。第 4 次(2018 年 8 月 29 日)其说李楷文出资 3 万元。综合审视蔡东平的全部笔录,明显可看出其谎话连篇,在刻意规避责任,把责任往其他人身上推,诬陷他人(其中就包括李楷文)。

而且,按照蔡东平所述的各人在云搜公司的股份比例来计算分红,其每一次供述的股份比例都不能推算出他自己和李楷文在公司"具体获利"的事实。而按照李楷文所述的制作一个微信公众号 1 万元起步,增加设计和内容的时候另加价款的说法,结合辩护人提交的《深圳市电子商会证明》"李楷文从事的微信公众号的注册、认证、运营及建设微信商城是合法的经营项目,市场收费在 1.5 万元至几十万元不等",还有辩护人在河南郑州、洛阳等地向经营微信公众号、微信商城的相关公司调查询问的情况,足可进一步印证李楷文说的是真话,蔡东平说的是谎话。

(3)蔡东平与李楷文有利益冲突,蔡东平所述关于李楷文的证言极不可信。鉴于蔡东平与李楷文属于同案被告,相互间存在利益冲突,基于自我保全、自我减轻罪责的人之本性,蔡东平指控李楷文与其一起实施诈骗犯罪、李楷文属于云搜公司股东的口供明显不可采信。况且李楷文一直否认自己是云搜公司的股东,否认自己与蔡东平一起实施诈骗活动。因此,不应偏信蔡东平的口供,至少应该找到同案的其他知情人士,包括其他被告人、证人等,印证蔡东平的口供是否可信。

值得注意的是,卷中证据显示是蔡东平让丁志伙投案的,即丁志伙听蔡东平的话,蔡东平让怎么做就怎么做(让怎么说就怎么说);丁志伙投案之初没有指控李楷文是云搜公司的股东，之后在批捕李楷文时为补充证据需要，突然指控李楷文是云搜公司的股东，明显让人怀疑这又是蔡东平的“指使”所为！究竟蔡东平在被羁押期间如何“指使”丁志伙，再次恳请法庭依法查清，并建议有关部门追究相关人员的法律责任。

特别值得关注的是李楷文当庭的陈述：李楷文投案并被羁押在看守所后，蔡东平通过其亲戚李崇文向李楷文传递了一封信，内容是蔡东平为了保护其妻子蔡晓玲不被抓捕，而被迫诬陷李楷文，并为此向李楷文道歉。李楷文当时就将此事告知了管教干警，但没被重视；李楷文亦将此事告诉了审查批捕的检察人员，但也没有引起重视！令人遗憾的是，该封信被李崇文夺走并销毁了。

最后，根据辩护人提供的相关证据，蔡东平在指控李楷文时作出李楷文为其提供了诈骗的场地、替云搜公司签订了租赁房屋协议，以及拿其妻子蔡晓玲的身份证开办银行卡的供述，完全是一派胡言，这点希望法庭给予重视。

（二）李楷文没有参与云搜公司的诈骗活动，没有获取诈骗利益

1. 李楷文未参与过云搜公司的经营活动

李楷文的英联公司和伊莱恩公司与云搜公司处于同一栋楼，且李楷文与蔡东平因业务联系逐步熟悉，两人相互到对方的公司谈过业务，客观上李楷文对云搜公司的部分员工虽然认识，但并没有其他的私下交往。李楷文从来没向云搜公司投资过一分钱，蔡东平也未向李楷文的公司投资过一分钱。两人是各自做各自的业务，没有互相参与对方的任何经营行为。只是因为李楷文的公司与云搜公司的业务量比较大，故而交往、联系比较多而已。

2. 李楷文的伊莱恩公司系合法承接云搜公司的微信公众号业务，没有任何违法或违规的行为

李楷文只是在接受蔡东平的云搜公司委托后，按其要求制作微信公众号，并不知道蔡东平的云搜公司买卖公众号或骗人的真实情况，更不知道云搜公司收取客户多少钱，仅是按照自己的收费标准，在伊莱恩公司的经营范围内依法依规来制作微信公众号，获得自己应得的利益——既没有多收，也没有少收。多收的费用事后与蔡东平结算后要退回，少收的费用需要蔡东平的公司随后补足。

3. 李楷文未从云搜公司获得额外的非法利益

李楷文的公司确实从云搜公司获取了费用，但该费用是合法、合理的收入，并不是犯罪的利润或涉及犯罪的成本支出。蔡东平先承诺帮被害人制作微信公

众号并高价收购,从而收取被害人的巨额款项,再将该巨额款项中的一小部分用作制作微信公众号来欺骗被害人,这是本案查明的基本诈骗事实。蔡东平支付给李楷文的款项恰是其诈骗被害人财物的犯罪成本投入。那么,蔡东平自己或云搜公司内部,核算诈骗所得及成本时,将支付给李楷文的费用(1 个微信公众号 1 万元)记为诈骗所得额的成本(10% ~15%)是完全合乎情理的,也是正常的。而李楷文对蔡东平等的诈骗行为并不知情,也不知道蔡东平是按照犯罪总额的一定比例来核算支付给其制作微信公众号的费用。

本案中诈骗赃款的分配流程如下:首先,蔡东平先与李楷文商量制作一个公众号的费用为 1 万元(根据具体情况有些许浮动);其次,根据最终制作的公众号总数量,计算出制作公众号的总费用(所谓支付给李楷文的“赃款或分红款”)。其次,将骗取资金的总数额与制作公众号的总费用(亦包含其余相关费用)相抵,从而得出云搜公司诈骗的纯盈利;再次,根据纯盈利和各股东的股份比例来计算云搜公司各股东(不包括李楷文)应得的分红。最后,将制作公众号的总费用支付给李楷文,将股东的分红支付给股东。因此,分配流程并非如公诉机关所述,是根据李楷文(10% ~15%)的股份比例和云搜公司诈骗赃款总数额,来计算出李楷文所谓的“赃款或分红款”。虽然两种情况下,李楷文获得的款项数额大体一样,但性质却截然相反!

4. 李楷文从来没有作为云搜公司的员工从云搜公司支取过报酬和费用

李楷文从来没在云搜公司领取过工资,从来没在云搜公司领取过业务提成,从来没在云搜公司报销过任何费用,收取的仅是正常的制作承揽费用。虽然蔡东平的云搜公司为逃避税务或许会存在利用李楷文的英联公司来做一些假账的情形,但这与本案的诈骗犯罪事实无关。

李楷文说侦查人员查到云搜公司账上有他的分红记录、报销记录、工资等,可能就是由于这个缘故。但李楷文向来没有在云搜公司中领取过这些财物,更不可能有其签字确认的任何凭证。何况辩护人认为,即使蔡东平的公司财务账目中有类似显示,但因为是单方做账,而且现实中生产经营企业虚造一些人员的工资、转账时编些虚假的理由或随便应银行的要求编造理由均是存在的,并不能因此证实李楷文是云搜公司的股东,在该公司分得过利益。

李楷文的公司只是从蔡东平的云搜公司接单,制作微信公众号,最后与云搜公司结账。其中也有做好后客户退单的,就退钱给云搜公司;客户提出增加项目的,就加收云搜公司的钱。退、收结算后,蔡东平的云搜公司总共支付给李楷文60余万元,系李楷文英联公司和伊莱恩公司的正常营业收入。

综上,李楷文收取的60余万元并不是如侦查机关、公诉机关所说的“赃款或分红款”,而是伊莱恩公司应收取的承揽费。

(三)李楷文的行为属于刑法理论上的中立帮助行为,依法不应认定为诈骗犯罪的共犯

1. 李楷文没有牟取暴利

犯罪是为了攫取暴利,是为了获得比一般经营活动高得多的利益;从事一般的经营,获得正常利润的行为一般不应被视为犯罪行为进行打击。而本案中李楷文制作微信公众号的成本、收入是正常的,不存在暴利,是自己通过正常经营活动而获得的正常、合理、符合习惯的利润。故而,认定李楷文的行为属于犯罪行为、李楷文具有诈骗犯罪的故意明显不合乎常理常识。依此,可以反证蔡东平指证李楷文与其共同诈骗的供述也是与常理常识相违背的,是不应采信的。

不可否认,李楷文为受害者制作的微信公众号客观上对受害者企业确实起到了一定的宣传、广告作用,这也是本案中受害者付出大额价款后真正获得的、唯一的“利益”。在市场经济时代,该“利益”与李楷文收取的“费用”应该是公平的、合理的对价关系。

2. 电子商务的中立性

电子商务经营、服务、销售行为的特殊性在于,其具有业务性、日常性、匿名交易性、反复继续性、可取代性等所体现出来的中立性,行为本身没有制造、增加不被法所允许的危险,故应否定其共犯的成立,不管对方是否具有购买、接受服务的形式上的资格。销售一般用于日常生活或生产的物品或服务,即便知悉购买者、接受服务者的犯罪意图也不构成犯罪。中立的帮助行为虽为日常生活或者业务行为中的惯常现象,但也可能对诈骗犯罪正犯的实行行为起到促进效果,但因其符合社会共同体生活的目的,不应该构成犯罪。中立的帮助行为由于具有“日常”的属性,如果将其全部纳入帮助犯的范畴,势必造成社会秩序的瘫痪。

辩护人认为,即使李楷文的行为在客观上确实帮助蔡东平实施了诈骗,但因其不知道蔡东平的诈骗意图和诈骗行为,而且是根据自己正常的业务经营惯例、范围来接受委托从事制作微信公众号的业务,其主观上与蔡东平等因缺乏故意犯罪的沟通、联络而不能与蔡东平一起成立诈骗罪的共同犯罪。李楷文并不知

道蔡东平的云搜公司是利用买卖微信公众号骗别人的钱,仅是根据自己的正常业务范围,接受蔡东平的云搜公司的委托为其制作微信公众号,其也没有直接从被害人手中收钱,而是基于自己的劳务,由蔡东平的云搜公司支付正常的、合理的劳务费。因此,李楷文由于不具有非法占有被害人财物的目的而不成立诈骗犯罪。

3. 刑法的相关规定之精神

相关法律针对网络服务提供者责任的规定,并非意味着全面处罚网络中立帮助行为——除非专门用于实施信息网络犯罪,原则上应将提供微信商城制作、微信公众号制作、网络存储、通信传输、链接等技术支持的行为排除在刑罚处罚的范围之外。

4. 司法机关以及行政机关的相关规定

2018 年 12 月 19 日举行的中央经济工作会议上,习近平总书记指出,要支持民营企业发展,营造法治化制度环境,保护民营企业家人身安全和财产安全。之后,最高人民检察院、最高人民法院、公安部、司法部等部门陆续发布具体文件、相关案例,贯彻、落实中央经济工作会议精神,明确:可捕可不捕的不捕,可诉可不诉的不诉,目的是让违法但犯罪情节较轻的企业不至于因为“老板”被诉而彻底垮掉;严禁乱抓人,坚决防止将经济纠纷、一般的轻微违规行为当作犯罪处理,坚决防止将民事责任变为刑事责任。本案中的李楷文亦属私营企业家。

二、李楷文的行为即使成立犯罪,其亦属诈骗犯罪的帮助犯,且李楷文具有自首情节

(一)李楷文系从犯中的帮助犯,应对其从轻处罚

综合全案证据和开庭查清的事实:首先,蔡东平在认识李楷文、委托李楷文为其注册云搜公司前,就在深圳中搜网络科技有限公司深圳分公司从事与本案相同的诈骗活动(蔡东平 2018 年 3 月 13 日接受深圳市某派出所民警的第一次讯问),掌握了一整套诈骗的技术和手段;故而其才在 2014 年 2 月 11 日,利用假名、假身份委托李楷文代为注册云搜公司,准备实施诈骗活动。其次,蔡东平以云搜公司为平台实施了一段时间的诈骗活动后,为逃避处罚,就将云搜公司注销;后在 2014 年 8 月,蔡东平在湖南成立了同样形式、同样性质的诈骗公司——二六公司,继续从事类似的诈骗活动。最后,蔡东平又于 2015 年 3 月在深圳成立了嘉隆华泰公司,从事诈骗活动。

可见,蔡东平对类似的诈骗活动轻车熟路,且为逃避处罚,不但利用假名、假身份,而且打一枪换一个地方,属于惯犯。李楷文仅参与了蔡东平实施诈骗活动的中间的、很少的一部分;且其参与的仅是其中关于制作微信公众号的活动,属于中性的技术劳动。故而,如果法庭认定李楷文成立犯罪,李楷文亦属蔡东平等犯罪的帮助犯,应该作为从犯从轻处罚。

辩护人不否认李楷文对蔡东平的诈骗行为可能有所认识或察觉——因为蔡东平给其提供了大量的制作微信公众号业务。但是,李楷文对于蔡东平具体如何实施诈骗、诈骗多少人、如何逃避处罚等,特别是对蔡东平在云搜公司建立之前、之后组织、领导的诸多类似诈骗活动,李楷文一概不知。同时,李楷文认为自己付出正常的劳动,在自己公司的合法经营活动范围之内制作微信公众号,对蔡东平制作微信公众号到底干什么,其不需要也无义务打听清楚。故而,如果法庭最终认为李楷文的行为属于诈骗罪的帮助犯,其也是概括、放任的间接故意,与直接故意犯罪有显著的区别,在处罚时应该依法从轻量刑。

(二)李楷文系主动投案自首,应对其从轻处罚

卷中证据显示,李楷文在得知其被网上追逃后,就主动与办案机关联系,主动到办案机关投案;在投案后如实供述了自己参与的"犯罪"事实,理应成立自首。如果法庭认定其行为成立犯罪,应考虑对其从轻处罚。因为在案证据不能证实李楷文是云搜公司的股东,故李楷文是否承认自己是云搜公司的股东不应影响对李楷文自首情节的认定。何况李楷文对侦查机关的讯问均是一致、一贯、稳定的供述,至于李楷文有时不认为自己是犯罪,是法律认识错误的原因,根据2004年《最高人民法院关于被告人对行为性质的辩解是否影响自首的成立问题的批复》之规定,并不影响其自首的成立。

何况,李楷文仅是否认自己是云搜公司的股东,并没有否认自己从事的工作内容,不应影响李楷文如实供述参与的"犯罪"事实之认定。

三、李楷文积极退赃,愿意缴纳罚金,态度端正,应对其从轻处罚

李楷文当庭表示,不管法院对其最终如何裁判,其都愿意全额退还其从云搜公司收取的制作微信公众号的款项,且愿意主动缴纳法院判处的罚金。

综上所述,辩护人认为现有证据不足以认定李楷文的行为成立诈骗罪,不能排除李楷文被陷害的合理怀疑,法庭依法应对李楷文作出"疑罪从无"的无罪判决。

退一步说,如果法庭认定李楷文的行为成立犯罪,也应认定其属于帮助犯,同时应认定其具有自首情节,并结合其退赃、积极缴纳罚金的态度,应对其在3年以下有期徒刑幅度内量刑。

最后,还请法庭慎重考虑李楷文具有的以下情节:

1. 李楷文毕业于我国重点、名牌大学——这是其掌握电子科技先进知识的原因。

2. 李楷文大学毕业后从事技术研究工作过程中,响应政府号召科技创业,开办了英联公司和伊莱恩公司,志在合法发展自己,为社会作出贡献;但因不小心陷入诈骗惯犯蔡东平的圈套,客观上帮助蔡东平的诈骗行为顺利实施——李楷文本身就是一个受害者。

3. 李楷文系初犯、偶犯,之前没有任何违法违纪行为,一贯表现良好;其所居住社区认为其符合社区矫正的条件。恳请法庭能对李楷文免予刑事处罚或适用缓刑的刑罚执行方式,以使其早日回归社会,利用自己的技术知识为社会服务,发挥自己的正能量。

5 沈咏阁银行诈骗案

——以银行名义、为银行利益为他人提供担保，之后因政策变化原因银行无法承担担保责任，不成立诈骗罪

【案情简介】

2010年5月，郑州尹恒公司（以下简称尹恒公司）与中国某银行郑州市分行商都路支行（以下简称商都路支行）签订借款协议，借款金额6000万元，期限一年。该笔贷款还款期限届满后一直没有归还，且郑州尹恒公司处于资不抵债的境地。2013年5月，受中国某银行总行的安排，中国某银行昆明市分行（以下简称昆明分行）与中国某银行郑州市分行（以下简称郑州分行）相互审查经营状况。该笔借款发生时的审批人沈咏阁，此时已经由原来的郑州分行商都路支行副行长升任该支行行长，其怕该笔不良贷款影响其继续升迁，就图谋为尹恒公司寻找过桥资金：先将该笔贷款归还，然后再想办法贷款给尹恒公司，由尹恒公司归还过桥资金。

沈咏阁经人介绍找到郑州鑫昌公司的经理于胜利。于胜利为获取巨额利息，愿意提供过桥资金，利息约定为月息6分，期限2个月，并要求该支行提供担保。沈咏阁提出按照银行的规定支行不能提供担保，但为确保该借款的安全，自己愿意以个人名义提供担保，同时可让银行负责放贷业务的3个经理提供连带保证。后在沈咏阁的安排下，于胜利与尹恒公司签订了借款协议，将8000万元现金借给了尹恒公司；尹恒公司归还了该支行的贷款；同时，应于胜利要求，沈咏阁将商都路支行、上级分行关于此事的3次会议纪要复印后交给于胜利，作为之后再贷款8000万元给尹恒公司，用于归还于胜利过桥资金的保证。

因各种原因，沈咏阁等答应贷给尹恒公司资金的事情一直未能落实；且因政策的变化，该事项已然无法实现。于胜利被迫向该支行主张权利，但沈咏阁和银行负责人对之前答应于胜利的承诺一概予以否认，仅承认是沈咏阁等个人的担

保行为，且拒不提供银行内部会议纪要的原件。因尹恒公司无能力承担还款责任，而沈咏阁及其他担保人根本无力承担该贷款的担保责任，导致于胜利的8000万元借款处于无法清偿的境遇。

【追诉经过】

于胜利以沈咏阁等涉嫌诈骗犯罪向公安机关报案，公安机关受理后以合同诈骗罪立案侦查，并对沈咏阁采取刑事拘留措施，后报经检察机关批准逮捕。侦查终结后，侦查机关以沈咏阁等涉嫌合同诈骗罪向检察机关移送审查起诉。检察机关向某区人民法院移送审理后，区人民法院建议检察机关补充侦查。检察机关经两次退回侦查机关补充侦查后，作出事实不清，证据不足的不起诉决定。

【争论要点】

1. 沈咏阁等在寻找过桥资金归还该支行贷款过程中是否具有非法占有的目的。

2. 沈咏阁等承诺在应付完昆明分行的审计后，贷款8000万元给尹恒公司，专门用来归还于胜利借款的过程中，是否具有虚构事实、隐瞒真相的行为。

3. 沈咏阁等是否成立国有企业人员滥用职权罪。

4. 本案中商都路支行是否应当承担归还于胜利借款的民事责任。

【辩护思路】

首先，在商都路支行、郑州分行相关领导的配合下，收集、整理银行系统为应对到期无法归还的贷款而采取寻求过桥资金方式的案例和资料，证实了银行业的一个惯例：借款人到期不能归还贷款，银行帮助其积极寻求过桥资金，先归还银行贷款；然后再贷款给借款人，以便其专门用来归还过桥资金。依此证明沈咏阁等当时对于胜利的许诺、对尹恒公司的许诺均为真实的意思表示，而且根据之前的惯例完全可以轻易得到实现，从而否定沈咏阁等实施了虚构事实、隐瞒真相、骗取他人财产的行为。

其次，查找、收集金融管理监管机构、各银行总部在近期制定的贷款、借款、担保等政策的变化以及新的规定，印证沈咏阁等不能贷款给尹恒公司以便归还于胜利的借款是因为政策和法律法规变化的意外因素所导致，并非沈咏阁等故意所为，甚至沈咏阁等连预见到这些政策和新规定的变化的可能性都不存在，从而否定沈咏阁等成立诈骗罪或合同诈骗罪的前提。

再次，我们着力论证本案即使成立诈骗类犯罪，成立的也是合同诈骗罪而非诈骗罪，以此否定公诉机关的指控。在司法实践中，司法人员对合同诈骗罪的审查、认定相对于一般诈骗罪更加谨慎，对证据的把握更加严格——合同诈骗罪往往与经济纠纷勾连在一起。司法审判人员一旦认为本案涉嫌成立的是合同诈骗罪，沈咏阁获得无罪裁决的可能性就会更大。

最后，根据2001年《最高人民法院关于在国有资本控股、参股的股份有限公司中从事管理工作的人员利用职务便利非法占有本公司财物如何定罪问题的批复》以及2003年《全国法院审理经济犯罪案件工作座谈会纪要》第1、2条的规定，结合涉案支行所属的中国某银行整体上市的客观事实，论证商都路支行非国有企业，进而否定沈咏阁等成立国有企业人员滥用职权罪。

【辩词摘要】

一、沈咏阁不成立诈骗罪或合同诈骗罪，亦不成立国有企业人员滥用职权罪

（一）沈咏阁在与于胜利签订借款合同时，不具有非法占有于胜利资金的目的

沈咏阁为应对上级银行的检查审计，更为了掩盖自己之前审查不严导致贷款坏账的瑕疵，而预谋为尹恒公司寻求过桥资金。通过会议纪要、沈咏阁以及银行其他三位担保人的证言，可知沈咏阁在签订协议时，是抱着在审计结束后，利用自己的职权给尹恒公司发放专项贷款，用来归还于胜利的借款本金及利息的主观想法。特别是沈咏阁等其他三名银行工作人员在尹恒公司的借款协议上用自己个人的名义担保8000万元的巨额借款，目的都是维护银行的利益，而置自己的利益处于巨大的风险之中。

为了减少、消除自己的风险，沈咏阁等会想尽办法再次贷款给尹恒公司，以便返还于胜利的借款，从而消除或减轻个人责任。可见，沈咏阁等在协调于胜利与尹恒公司签订借款协议时，并不具有非法占有于胜利资产的目的。

（二）沈咏阁在履行合同过程中，不具有非法占有于胜利资金的目的

在沈咏阁协调尹恒公司用于胜利的借款归还银行贷款后，沈咏阁积极为贷

款给尹恒公司做工作,不仅在商都路支行的几次会议上讨论了该贷款事宜,也数次向上级分行进行汇报,寻求上级领导的支持,但因为上级政策的变化导致对银行贷款审查更加严格,沈咏阁本人并不能像之前那样违规审批贷款,致使其无法完成最初与于胜利等的口头约定,但其本人并不具有不贷款给尹恒公司,不归还于胜利资产的意图。

二、即使本案构成犯罪,宜成立合同诈骗罪,而非诈骗罪

本案的借款合同中于胜利为出借人,尹恒公司为借款人,沈咏阁等四人为担保人。尹恒公司明显没有诈骗于胜利的主观故意和目的,不是本案的犯罪当事人,表面上看不符合合同诈骗的形式特征。但鉴于该合同是在沈咏阁一手安排下签订、履行的,加之沈咏阁等在书面协议之外,另外作出了口头承诺——事后负责贷款给尹恒公司以便归还于胜利的借款,这些口头约定实际上亦是合同的一种表现形式,其和书面协议一起构成本案涉及的整体合同。

合同诈骗罪中的合同不一定是单独、孤立的一个合同,而可能也经常是由几个合同一起构成的。本案中这些合同的操作人均是沈咏阁,故而沈咏阁虽然不是合同上约定的当事人,但仍然可能成立合同诈骗罪。

合同诈骗罪属于诈骗罪的特别法,与一般诈骗罪相比,其侵害了社会市场管理秩序;本案中的合同明显属于社会市场管理秩序的范畴。根据特别法优先原则,本案若成罪,应该成立合同诈骗罪,而不是诈骗罪。如果成立诈骗罪,就要求沈咏阁等将签订协议作为非法占有他人资产的手段,不具有签订、履行协议的真实目的和履约行为,但本案并非如此。

三、沈咏阁等不成立国有企业人员滥用职权罪

本案中涉案的商都路支行,其总行属于上市公司,不属于法律意义上的国有企业,仅是国有控股的企业,不符合《刑法》第168条规定的由于国有企业的工作人员严重不负责任或者滥用职权,造成国有企业破产或者严重损失的情形。根据罪刑法定原则,沈咏阁等贷款给尹恒公司即使存在滥用职权的情形,亦不成立国有企业人员滥用职权罪。

何况,本案刑事诉讼程序进行至2020年,商都路支行并未承担归还于胜利借款的任何民事责任,而且商都路支行已经明确不愿承担也不会承担该笔借款的民事责任。到目前为止,商都路支行并未受到任何损失,依法不构成国有公司、企业、事业单位人员失职罪。

四、沈咏阁等拒不向于胜利提供其银行会议纪要的行为，不成立犯罪

沈咏阁等无法给尹恒公司提供贷款来归还于胜利的借款时，于胜利等鉴于沈咏阁、其他三个担保人、尹恒公司均无力负担该8000万元借款的实际情况，根据当时沈咏阁代表银行，且银行开会讨论并作出贷款给尹恒公司用来归还于胜利借款的初步决定，并就该决定多次向上级分行打报告汇报的事实，拟向商都路支行主张还款责任。沈咏阁等拒不提供这些书面材料的原件，导致于胜利向该支行主张民事清偿责任的权利受到阻碍，侵害了于胜利的财产权利。基于此，于胜利认为沈咏阁对其实施了隐瞒真相的行为，成立诈骗罪，故而以诈骗罪向公安机关报案。

但我们认为，这是在于胜利借款给尹恒公司、尹恒公司归还银行款项之后的事情，并不能证实沈咏阁在协调双方借款之时就有非法占有的目的。而且，沈咏阁是因政策的原因而不能履行自己曾经的口头承诺，而非出于自身的本意不想归还于胜利的借款。况且，沈咏阁隐瞒会议纪要的目的，仅是不愿让于胜利向银行主张权利，而并不回避自己的责任承担。故而，沈咏阁故意隐瞒银行会议纪要的行为并不能推定出其有非法占有于胜利资金的目的，不能推定出其具有不归还于胜利资金的故意。而且，根据开庭审理中沈咏阁、三名担保人的陈述可知：并不是沈咏阁不想提供会议纪要给于胜利，而是上级银行领导不让提供！

五、商都路支行应当承担于胜利的借款归还责任

鉴于沈咏阁身为商都路支行行长，加之银行内部确为此事多次开会研究过桥资金之事，故而，沈咏阁等的行为实际上是为了单位利益，以单位的名义作出，所得利益归单位所有的单位行为，单位理应对沈咏阁等的行为承担法律责任。

至于沈咏阁等之前违法违规发放贷款给尹恒公司、帮尹恒公司寻求过桥资金的做法，仅是银行内部人员以及银行内部人员与银行之间的责任承担问题，可由他们自行解决。如果上述行为构成犯罪，也应由相关司法机关追究其法律责任，而不能以此对抗善意的第三人于胜利。

本案中不存在于胜利与沈咏阁等恶意串通损害国家或第三人利益的事实，因为本案造成的结果是：于胜利受损而商都路支行受益，甚至尹恒公司亦受益。故而，该支行不具有不承担归还于胜利款项的事实和理由。

6 李涵诈骗案

——行为人虚构律师身份，代理委托人进行刑事控告并收取委托人巨额活动经费后，没有进行实质性的工作，成立诈骗罪

【案情简介】

李涵大学法律本科毕业后，一直未能拿到律师资格证书，就找到具有律师执业资格且符合个人律师事务所创办人条件的李金华，商议由李涵出资，以李金华的名义成立北京某律师事务所。该律师事务所成立后，吸纳执业律师7名。在北京某律师事务所内部，李涵以法律顾问的名义执掌所里全部业务；对外经常以律师事务所主任、大律师的身份自居。2012年3月，李涵称其有丰富的人脉关系，认识相关司法机关的某些领导，对河南丰田丰雪公司（以下简称丰田丰雪公司）作出虚假承诺，即帮忙让司法机关立案抓捕骗取丰田丰雪公司巨额资金的张三伟等，以促使其尽快归还欠款。

李涵安排北京某律师事务所与丰田丰雪公司签订法律服务协议，约定由该律师事务所首席法律顾问李涵与员工张继红全权代理对张三伟等的控告；丰田丰雪公司先行支付300万元前期活动经费，在司法机关对张三伟等刑事立案后再支付200万元，在司法机关抓捕张三伟后再支付500万元。在接受丰田丰雪公司首批付款后，李涵并无实质的行动，一直推诿了6个多月。后因某政府官员被市监察机关立案调查，而牵出张三伟向该政府官员行贿的事实，监察机关在查清其行贿事实后将其移交司法机关处理，司法机关随之依法对张三伟刑事立案并采取了刑事强制措施。李涵以此为由，向丰田丰雪公司索取了700万元现金。后丰田丰雪公司发现李涵并非律师，且张三伟被刑事立案及羁押与李涵所谓的"工作"无关，就向李涵及北京某律师事务所追讨上述款项。该追讨款项的民事诉讼经民事一审、二审、再审，法院最终支持了丰田丰雪公司的诉求，判令北京某律师事务所归还上述资金1000万元。丰田丰雪公司向一审法院立案申请执行

后,发现北京某律师事务所登记开设的账户没有任何资产,且其登记的办公地点也查找不到该律师事务所的任何工作人员。

【追诉经过】

在丰田丰雪公司的申请下,执行法院以该律师事务所涉嫌拒不执行判决罪移送至公安机关立案侦查;公安机关以拒不执行判决罪立案侦查,侦查终结后以李金华、李涵涉嫌诈骗罪向县人民检察院移送审查起诉。县人民检察院以二被告成立诈骗罪移送至县人民法院审理;县人民法院最终判决该律师事务所拒不执行判决罪成立,判处罚金 50 万元;判决李涵诈骗罪成立,判处其有期徒刑 11 年,并处罚金 50 万元。

【争论要点】

1. 李涵是否为北京某律师事务所拒不执行判决罪的刑事责任承担主体;李涵是单独成立诈骗罪,抑或是成立拒不执行判决罪和诈骗罪。

2. 李金华放任李涵经常以律师事务所主任自居并承接法律业务,能否与李涵成立诈骗罪的共犯。

【代理思路】

首先,北京某律师事务所在接到法院生效判决后,转移资产和办公地点的行为,明显成立拒不执行判决罪,作为法定代表人的李金华应该对该单位犯罪承担刑事责任,这是一个不争的事实。在此前提下,作为实际指挥李金华转移律师事务所的资产、抗拒法院生效判决执行的李涵,依照现行法律关于共同犯罪的规定以及学理理论,也应成立本罪。

其次,李涵在与丰田丰雪公司洽谈时,自称是北京某律师事务所的主任,编造自己是法学博士以及具有多家司法机关的法律咨询委员会专家成员的头衔、认识许多政法部门的领导且私人关系良好等不实信息,骗取丰田丰雪公司相关人员的信任,安排丰田丰雪公司与该律师事务所签订法律服务协议,通过该律师事务所,非法占有丰田丰雪公司的 1000 万元现金,而没有进行任何有效工作,依法依理成立诈骗罪。李涵本身非该律师事务所的工作人员,不能也没有资格代表该律师事务所履行协议,不属于协议上约定的当事人,不成立合同诈骗罪——

其仅是打着律师事务所的名头，以丰田丰雪公司与律师事务所签订协议作为手段，骗取丰田丰雪公司的巨额款项，以诈骗罪定罪较为适宜。

再次，鉴于李涵前期成立诈骗罪的行为与后期拒不执行判决罪的行为不具有法律上的牵连关系和吸收关系，且属两个独立的犯罪行为，故而两罪不存在按一罪处理的法律依据和学理依据，对李涵理应按照诈骗罪和拒不执行判决罪数罪并罚。

最后，李金华对李涵的诈骗犯罪行为是明知的，对李涵的诈骗犯罪行为是基于放任心理的间接故意。我国刑法理论通说认为共同犯罪需要双方具有共同的故意，并未要求双方必须具有共同的直接故意，故而，李金华理应与李涵一起成立诈骗犯罪的共犯。

【代理词摘要】

一、北京某律师事务所成立拒不执行判决罪，李金华作为该所的主要负责人、李涵作为该所的实际控制人应当共同承担刑事责任

丰田丰雪公司发现受骗后，以合同诈骗罪向公安机关报案，公安机关以没有发现犯罪事实为由不予立案，建议丰田丰雪公司向人民法院提起民事诉讼。该民事诉讼后经过一审、二审及再审程序，法院最终认定丰田丰雪公司与北京某律师事务所签订的法律服务合同属于违反法律规定的无效合同，判决该律师事务所承担归还1000万元的民事责任。判决生效后，丰田丰雪公司向法院申请强制执行，法院发现北京某律师事务所已经搬离注册登记的办公地点，其法定账户上没有一分钱的资金。进一步调查发现，该律师事务所在涉案判决执行期间，仍然在从事民事、刑事案件的代理业务，应该具有一定收入；同时仍在向税务机关申请纳税，仍在为该所的8名执业律师缴纳相关的社会保险、失业保险费用，却在法定的账户内不显示这些资金的往来。上述事实，证实北京某律师事务所具有一定的资金来源，具有一定的资金支付能力，具有执行生效判决的能力，却故意不执行生效判决，成立拒不执行判决罪的单位犯罪。

同时，该所的法定代表人李金华虽然不是实际控制人，但是该所的一切对外业务均是以其名义进行，而且多由其出面完成，故而其应该作为单位的主要负责人，受到刑罚处罚。

李涵虽非该所的法定代表人，但其是该所的实际投资人、管理人、负责人，特别是涉案业务的来往是其直接以法律顾问的名义在合同上写明须自己代理完成的,该所的收入特别是该笔1000万元的收入,在缴纳相关税费后,也统归李涵所有。故而,李涵作为该所的实际控制人,作为该笔业务获利的实际受益人,作为须最终承担该1000万元退款责任的责任人,理应对该所的拒不执行判决罪承担刑事责任。

二、李涵成立诈骗罪

(一)李涵虚构了自己的律师身份,骗取丰田丰雪公司对其的信任

在公安机关侦查过程中,发现并收集到李涵多次以律师名义,特别是以北京某律师事务所主任的名义对外进行宣传并承接案件。根据法律规定,律师事务所主任必须由执业律师担任,非执业律师不能以律师事务所主任自居。事实上,如果当事人知道李涵不具有律师职业资格,是不可能与其签订诉讼代理协议并交纳代理费的。李涵利用当事人对其的信任,在签订协议时,刻意欺骗当事人,在协议上写明自己是律师事务所的首席法律顾问,以逃避以后可能面临的法律追究。但显而易见的是,律师事务所的首席法律顾问理应比该所的一般律师水平更高,是比律师还专业的人才,而李涵作为多年参加律师资格考试而最终未能通过的人员,其法律水平显然很难担当该所的法律顾问,更别谈是首席法律顾问。

加之,多部相关法律均明文规定,任何人员,除非取得律师职业资格,否则不能在律师事务所以律师的名义从事法律工作,这个常识一般的法律从业人员均知,何况是多年从事法律事务的李涵。本案中,李涵正是以编造自己是律师、是律师事务所的首席法律顾问、是具有更高水平的法律人才的谎言,来骗取丰田丰雪公司的信任,从而以代理案件为名非法占有丰田丰雪公司的巨额财物。

(二)李涵在签订代理协议时,具有非法占有他人财产的目的

李涵在签订协议时,对丰田丰雪公司作出虚假陈述,不但虚构自己的律师身份,而且称自己与中央、河南省政法部门的一些主要领导关系很好,与这些领导是博士同学,也借此向丰田丰雪公司的负责人承诺能帮助丰田丰雪公司完成控告并追回欠款。但在案的证据证明:首先,李涵根本就没有读过博士,不存在所谓的博士领导同学。其次,李涵与这些所谓的“博士同学”根本不认识,这些领导从未见过李涵,更别说接受李涵的宴请、收受李涵的钱财,也不存在承诺为李涵办理丰田丰雪公司的事宜。再次,李涵在丰田丰雪公司的钱款打入北京某律师

事务所账户后,就立即开具虚假的发票,将钱款全部转入以其妻子及其弟弟名义开设的银行账户内,然后通过多次转账来洗钱,导致案发后司法部门追赃不能。最后,在法院判决北京某律师事务所承担还款责任后,李涵指使李金华等将北京某律师事务所账户中剩余的所有钱全部转出,一分不留,而且将北京某律师事务所的办公场所秘密转移,导致司法机关至2021年11月难以找到该律师事务所新的办公地点;但北京某律师事务所却仍在执业和收费。以上事实足以推定或证实李涵在主导该律师事务所与丰田丰雪公司签订合同之初,就已经存在非法占有的目的。

(三)李涵的行为应成立诈骗罪,而不宜定合同诈骗罪

合同诈骗罪要求行为人以签订、履行合同为名,在签订、履行合同的过程中,实施骗取他人财产的行为。在合同诈骗罪中,当事人一般还要以先履行小额合同或者部分履行合同的方式,来掩饰其欺诈行为。

本案中,李涵虚构了自己的身份,签订的是一个根本不想去履行的、无效的、违法的合同,该合同自始至终都不会生效且李涵也根本没有履行的打算。而且,合同诈骗罪要求签订合同的当事人中一方是诈骗犯罪的被告人,一方是诈骗犯罪的受害人,存在某种意义上的对合关系;而本案中李涵并非合同的当事人一方,故而不符合合同诈骗罪的构成要件,按照诈骗罪进行处理更为适宜。

7 虎林“拆东补西”诈骗案

——隐瞒公司实际运营真相，骗取他人巨额投资款用于归还公司债务的，成立诈骗罪

【案情简介】

天浩公司系贵州省地方金融监督管理局批准设立的一家互联网金融资产交易平台公司，其主要业务是为符合规定条件的其他单位的金融资产提供网上交易的平台通道。天浩公司的管理者为获取更大利益，经多次研究后决定，当遇到优质金融资产时，天浩公司自身也要直接参与投资业务。2017 年 6 月，以高环、孙武、曹仁为金融资产的债权方，在天浩公司平台从事交易。天浩公司看到该资产的优质性和保险性，就违反法律法规及贵州省地方金融监督局的明文规定，直接融资买进该资产，然后在公司的平台上进行出卖。不料，高环、孙武、曹仁等在包装其金融产品时相互勾结，将同一债权分三次先后转卖给三人，导致该笔债权到期后，天浩公司不能按期向底层客户兑付该债权。众多投资者通过向媒体曝光、向公安机关报案、向贵州省金融局投诉等方式来制造声势以讨还损失。在贵州省政府、多家行政机关的协调下，天浩公司被迫答应立即自筹资金来归还底层投资者的钱款。

此时，恰逢河南瑞丰公司(以下简称瑞丰公司)拟在天浩公司的平台通道上从事互联网金融资产的交易。天浩公司的负责人虎林等就产生了骗取河南瑞丰公司的资金用来应急的念头。虎林等以天浩公司的实际控制人刚刚出事，现天浩公司面临着暂时的经济压力，实际控制人拟低价转让其在该公司的股权且该公司对外的债权有 6 亿多元，短时间内就可讨回等为由，诱使瑞丰公司与天浩公司的大股东签订协议，导致瑞丰公司以 3.6 亿元购买该公司的部分股权，同时向该公司注资 1.3 亿元，最终占天浩公司 80% 的股权。瑞丰公司注资后发现，投资的 4.9 亿元被虎林等用于兑付底层投资者之前在天浩公司的投资款项，而所谓

的6亿元债权早已作为坏账处理而难以讨回。

【追诉经过】

瑞丰公司以天浩公司及虎林等涉嫌诈骗罪向公安机关报案，公安机关、检察机关、法院等相关司法部门立案侦查、审查起诉、审理终结后，最终以诈骗罪判处虎林有期徒刑12年，并处罚金100万元。

【争论要点】

1. 虎林等对瑞丰公司所称的6亿元债权真实存在，但把难以讨回的债权谎称为容易讨回的债权，是否属于诈骗罪中虚构事实、隐瞒真相的行为。

2. 虎林等采用暂时骗取瑞丰公司的资产用来应急，等以后融来资金后再给予归还和补偿的做法，是否存在诈骗罪中非法占有的目的。

3. 本案系单位合同诈骗犯罪还是虎林等自然人实施的诈骗犯罪。

【代理思路】

首先，我们着力收集资料并论证本案存在的客观事实：瑞丰公司的4.9亿元资金客观上已经很难给予偿还，所谓之后融得资金后再给予偿还和赔偿的承诺实际上是空中楼阁，难以实现；以此证实本案中瑞丰公司存在巨额损失的客观事实，确保本案能被公安机关立案受理。

其次，我们调查收集相关证据、资料，证实虎林等对瑞丰公司所述的6亿元债权，在本案双方当事人签订协议前，就已经被天浩公司作为坏账处理，论证虎林等具有虚构事实、隐瞒真相的客观行为和主观诈骗目的。

再次，我们通过调查发现，天浩公司的相关人员与高环、孙武、曹仁等均有一定的私人接触和交往，有理由怀疑虎林等事先就知道该债权被违法三次转让的真相，从而坚定司法办案人员对本案在很大程度上存在犯罪事实的内心确证。

最后，我们认为本案中虎林等成立诈骗罪，而不是成立单位合同诈骗罪：第一，尽量撇清本案属于经济纠纷的嫌疑和印象，为司法机关能对本案依法尽快刑事立案创造更好的环境；第二，确保瑞丰公司的损失可以以追赃的形式同时向天浩公司等多家公司以及虎林等多个自然人追偿，增加本案中瑞丰公司所受损失得到补偿的可能性。

【代理词摘要】

虎林等成立诈骗犯罪，理由如下：

一、虎林等隐瞒了天浩公司的6亿余元债权难以得到偿还的真相

天浩公司对他人确实拥有6亿余元的债权，其中包括高环等的2.7亿元债权。这些债权的债务人均因非法吸收公众存款、集资诈骗等犯罪已经被相关司法机关采取刑事强制措施，他们拥有的全部资产已经被多家司法机关查封，这些资产即使被相关司法机关全部处理完毕也不够清偿其他刑事案件中众多被害人的全部损失。故而，该6亿余元债权实际上已经不可能得到实现。

因虎林等也参与到了非法吸收公众存款的犯罪活动之中，相关司法机关才对其施加压力，让其设法垫资归还众多底层投资人的投资，平息已经发生的、正在扩大的社会群体性事件，否则就将对之采取刑事强制措施。

虎林等在走投无路之际，被迫临时找到瑞丰公司筹集资金，想先躲过这一关再说。其对瑞丰公司这些投资难以得到清偿和回报是明知的，却故意隐瞒了真相，告知瑞丰公司这些投资很快就会因6亿余元的债权短时间内的讨回，而得到清偿，使瑞丰公司感到自己有巨额利益可图，最终上当受骗。

为诱骗瑞丰公司上当，虎林等先从关联公司借款1000万元，以北京一家国有企业的名义注册成立了一家公司，工商登记显示该新成立的公司的股东认缴注册资本为3.3亿元。然后，又制造该公司拟购买天浩公司股权的假象，给瑞丰公司制造竞争压力，诱使瑞丰公司与其签订协议，向其履行付款义务——这明显属于以虚构事实、隐瞒真相的方式，行使诈骗行为的诈骗犯罪。

二、虎林等具有非法占有瑞丰公司财物的目的

虎林等在明知天浩公司的债权难以讨回，天浩公司已经没有有效资产来保证瑞丰公司预期的投资收益时，为躲避公安机关对其之前非法吸收公众存款犯罪行为的刑事追究，诱骗瑞丰公司出资3.6亿元购买该公司的股权并同时向该公司注资1.3亿元。当这些资金到位后，虎林等立即用之归还了高环等在该平台上非法吸收公众存款所导致的底层客户的投资损失，并未将上述资金用于日常经营业务之中。这种“拆东墙补西墙”的行为明显属于以非法手段骗取他人财产的诈骗犯罪。

三、瑞丰公司受骗作出付款决定，导致巨额款项无法得到清偿

瑞丰公司在虎林等的精心设计下，产生了购买天浩公司股权的想法。一是为了圆自己的一个“金融梦”——该公司一直想介入金融业；二是认为可通过讨要该公司的债权获取巨大利益；三是认为天浩公司因暂时遇到困境而导致其转让股权的价格超低，自己可以借机获利。故而在未详细调查核实的情况下，很快与天浩公司签订股权转让框架协议；在虎林等编造北京国有企业拟介入的情形下，又在没有按照框架协议的规定签订正式股权转让、投资协议之前，就给天浩公司全额支付了4.9亿元现金，导致自己受到巨额损失——到目前为止，瑞丰公司与天浩公司以及天浩公司的大股东仍没有签订正式的股权转让协议和投资协议！

虽然天浩公司确实拥有6亿余元的债权，理论上可以通过讨要债权弥补损失，甚至可以获利，但鉴于所有债权均是经多次讨要未果，且涉及因刑事犯罪案件而被查封的财产，实际上根本难以得到偿还。何况，天浩公司的财务账上已然将这6亿元债权作为坏账记账。若不是虎林等隐瞒真相、虚构事实的诈骗行为，瑞丰公司不可能会出巨资投入天浩公司——一般的商业投资行为是具有风险，且投资人应该对能认识到的风险承担责任，但本案的风险在虎林等的刻意隐瞒下，是瑞丰公司不能预料到的，当然不应由瑞丰公司来承担投资受损、还款不能的风险，该责任只能由始作俑者天浩公司及虎林等来承担。

虎林的辩护人认为，天浩公司的债权在经济形势好转、政府政策改变的情况下，仍有可能得以实现，从而可以归还瑞丰公司的损失；虎林等虚构的事实可以转变为真正的事实，故而虎林等并不存在非法占有瑞丰公司资产不予返还的目的，不存在根本不能返还的客观事实，其行为不成立诈骗罪。但上述说法是偏颇的，如果确实如此的话，那么一行为人自认为自己赌博技术高明，骗取别人的资产用于赌博，将资产输掉，仍然可以以自己还可以再次向别人借钱，并可以在以后的赌博中获胜，从而归还被害者的资产为由而主张自己不成立诈骗罪——这明显是不合逻辑常识、社会共识的！

四、本案不属于合同诈骗罪，而构成诈骗罪

本案瑞丰公司与天浩公司签订的协议中并无关于天浩公司拥有6亿余元债权等涉及虚假陈述、隐瞒真相的内容，这些涉及诈骗的内容均是在协议之外，以当事人口头约定或口头告知的形式而存在的，仅是合同签订的原因或前提，并非合同的构成部分或附件。可以说,本案中合同(框架协议)的签订仅是诱骗瑞丰公司付钱的一个途径和手段,而瑞丰公司受到欺骗、受到损失的主要原因是合同之外的因素所致。故而,笔者认为虎林等的行为属于诈骗罪,而非合同诈骗罪。

8 曹留宏“一债两转”诈骗案

——将同一债权先后转让给两人，保险公司两次收费后重复担保，成立诈骗罪的共同犯罪

【案情简介】

曹留宏未经国家有关部门的批准，私自设立江坤 P2P 网贷平台、北京韵新公司等多个平台公司，同时利用其控制的公司高管或员工以及其实际控制的顺祥湖北小额贷款有限公司，向不特定人群发放贷款 4.6 亿元；借款人办理不动产抵押权登记作为债务担保。曹留宏将该基础债权（附带抵押权）作为底层资产，并安排保险公司对该笔债权进行履约保证保险，通过江坤 P2P 平台将该债权转让给数万名不特定的投资人，非法吸收超过 30 亿元的资金。与此同时，曹留宏又隐瞒该基础债权已经转让的事实，通过其控制的北京韵新公司居间介绍，将已转让的债权再次转让给天丰瑞诚互联网金融资产交易股份有限公司（以下简称金交公司），收取金交公司转让款 3.6 亿元。在该基础债权到期后，曹留宏将底层债权中借款人的还款全部用于江坤 P2P 平台投资人的兑付，导致金交公司的债权无法实现，造成金交公司近 3.9 亿元的经济损失。

【追诉经过】

金交公司以曹留宏涉嫌诈骗罪和非法吸收公众存款罪向公安机关报案，公安机关以曹留宏涉嫌这两项罪名立案侦查。侦查终结后，鉴于曹留宏及时、全额兑付非法吸收公众的存款，公安机关对其非法吸收公众存款罪作出撤案处理；以曹留宏涉嫌诈骗罪为由向检察机关移送审查起诉。检察机关将曹留宏诈骗案移送至区人民法院审理，区人民法院一审以诈骗罪判处曹留宏有期徒刑 11 年，并处罚金 1000 万元。曹留宏不服一审判决，提起上诉；二审法院驳回上诉，维持原判。

【争论要点】

1. 曹留宏的非法吸收公众存款行为是否可以由侦查机关作出撤案处理。

2. 曹留宏及其公司“一债二转”的行为，是否成立诈骗犯罪。

3. 保险公司的相关人员是否与曹留宏成立诈骗罪的共同犯罪。

4. 保险公司是否应该对金交公司的损失承担民事赔偿责任。

【代理思路】

首先，我们立足于曹留宏成立非法吸收公众存款罪的扎实、确凿的证据体系，论证曹留宏该罪的成立保证对曹留宏的刑事追诉程序顺利进行下去，为进一步认定曹留宏成立诈骗罪奠定基础。

其次，我们抓住本案属于“一物二卖”的典型诈骗行为，通过类比方法，将本案的基础债权比照为汽车这样的易感知、易把握的商品，以阐释本案曹留宏的诈骗目的和诈骗故意，并进一步说明曹留宏实施了虚构事实、隐瞒真相的诈骗行为。

再次，我们抓住曹留宏代理人、保险公司代理人不负责任的、明显存在瑕疵的、违背逻辑常识的错误观点，对之进行反驳，使曹留宏的诈骗犯罪从反面被进一步佐证。

最后，为了帮金交公司追偿损失，我们明确了保险公司应该构成诈骗犯罪共犯的法律依据和事实证据，建议公安机关追究保险公司及其相关责任人的刑事责任。我们至少通过此手段对保险公司施加了压力，迫使保险公司自觉履行了保险义务，及时帮金交公司获得了相应的补偿。

【代理词摘要】

曹留宏成立非法吸收公众存款罪和诈骗罪，理应数罪并罚。

一、曹留宏私自设立江坤平台，用于变相吸收公众存款，成立非法吸收公众存款罪

对该犯罪事实，鉴于书证比较确凿，且曹留宏对此罪行供认不讳，故而公安机关对此没有异议。但出于社会稳定的原因，也为了保护被害公众的财产权利能及时得到偿还，公安机关根据2010年《最高人民法院关于审理非法集资刑事案件具体应用法律若干问题的解释》第3条第2款“非法吸收或者变相吸收公众存款,主要用于正常的生产经营活动,能够及时清退所吸收资金,可以免予刑事处罚;情节显著轻微的,不作为犯罪处理”的规定,在与检察机关沟通后,认为只要曹留宏能积极、主动筹集资金归还众多投资人的存款,可对其非法吸收公众存款案作出撤案处理。曹留宏出于自身的考虑,选择在此事件中与公安机关合作,采取各种手段筹措资金,最终足额退付了投资人的所有资金(30亿元),故而公安机关对该犯罪事实作出撤案处理。

本案的特殊之处在于:曹留宏不择手段筹措资金的行为包括将本应该归还金交公司的资金,挪用后用于归还非法吸收公众存款犯罪中众多投资人的投资——其是以非法的手段,在侵害金交公司利益的前提下,偿还了其他被害人的资金。故而,如果司法机关对曹留宏非法吸收公众存款的行为不予追究,则对其骗取金交公司的犯罪行为必须予以追究;否则,就会严重损害金交公司的合法利益,造成严重的司法不公。

二、曹留宏“一债二转”的行为,成立诈骗罪

曹留宏对底层客户的基础债权确实存在,但其债权只有一个,不能重复转让。本案中曹留宏将该底层债权在江坤平台上转让给他人后,该债权就像汽车等物品一样,已经属于他人,曹留宏当然不能再次将已不属于其所有的债权转让给金交公司。这是典型的“一物二卖”诈骗行为,对后手行为人成立诈骗罪。

本案中,当金交公司向底层债务人行使权利时,底层债务人均声称并拿出书面证据证实,他们已经履行完毕了相关转让的债务,其与曹留宏的债权债务已然消失了。这证实金交公司得到的确实是一个不存在的、无效的债权。曹留宏转让不存在的债权给金交公司,明显是虚构转让标的、非法占有他人财产的诈骗行为。

曹留宏的辩护人认为曹留宏确实对底层客户拥有债权,该债权确实存在而不是虚构的;而且曹留宏也确实将其转让给了金交公司,故而曹留宏不成立诈骗罪,该观点是明显站不住脚的。在债权确实存在,但是已经转让给别人的情况下,曹留宏就不是该债权的合法所有人了,怎么能有权再次转移债权给他人?这个观点明显不合常理常识,与法与理与情相悖!

三、曹留宏两次转让的债权均由某保险公司承保,该保险公司对金交公司的损失应该承担赔偿责任

曹留宏及其公司对底层客户的债权合同均有清晰、确定的合同编号,而同一家保险公司在两次收取保险费后,对转让给别人和转让给金交公司的债权均承保"若底层客户不归还,则由保险公司代为归还债务"。相关的借款合同、保险合同等书面资料显示,保险公司所担保的债权、债务合同的编码、数额、内容完全相同,证明保险公司对其两次收费、对本案中同一债权转让给不同的两人的情况是知悉的,其在此情况下就必须承担保证责任,理应对金交公司的损失担责——保险公司收了两次钱,当然应当承担两次责任!

保险公司的代理人认为,他们仅是对该债权保证在债务人不承担还款责任时,承担保险责任;而本案中债务人已经承担了还款责任,则保险公司当然无须担责了。但该代理人忽视了一个关键的问题:保险公司是明知曹留宏及其公司是一个债权先后转让给两个人的违法行为,且收取了两次保险费用,其担保的当然应该是两次债务的清偿,而不是债务的一次清偿。否则,保险公司凭什么收取两次保险费用?

四、保险公司及其相关人员理应与曹留宏及其公司一起成立诈骗罪的共同犯罪

曹留宏的供述及其公司相关人员的陈述均印证了一个事实:保险公司当时对曹留宏及其公司实施的"一债权重复再转让"行为是明知的;保险公司依据同一份债权转让合同,重复签订保险合同,收取两次费用的客观事实是确凿无疑的,是由书证加以印证的。在此情况下,保险公司从事该项业务的具体经手人、主管人员、主要负责人,乃至保险公司理应与曹留宏及其公司构成诈骗罪的共同犯罪,这些相关人员应该受到刑事追究。

9 毕敬山诈骗案

——承诺帮他人找关系办事而收取他人巨额费用，找人办事和费用花销的事实由行为人承担举证责任

【案情简介】

天目集团和青山集团均为国家重点扶持的大型私营企业。2011 年，国家对全国的水泥制造企业实行兼并重组政策，其中天目集团被列入兼并重组的主体企业范围之内，而青山集团成为被兼并整合的企业。因青山集团是在我国香港特别行政区（以下简称香港）上市的青山鲜丰公司的唯一全资子公司，所以天目集团为兼并青山集团，就出资在香港股票市场购买了青山鲜丰公司 38.6% 的股权，从而成为该公司最大的股东，剩余的大股东依次是青山集团员工所持的 20.1%、我国台湾地区某企业所持的 18.6% 两家。天目集团在实际控制青山鲜丰公司的董事会后，委派人员到青山集团进行管理和经营，但受到以郭小山为代表的众多青山集团员工的抵制，一直没有成功。

2015 年 7 月，担任天目集团办公室副主任的柴伟受命负责协调天目集团与青山集团的相关事宜。2015 年 7 月 27 日，原青山集团的副总经理毕敬山托人与柴伟联系，说他在当地有很强的影响力，可以帮助天目集团顺利接管青山集团。柴伟将该情况向天目集团的李总汇报；李总指示柴伟可以与毕敬山合作。在得到毕敬山保证在一个月内将所有股权交接事项办理完毕，让天目集团管理、控制青山集团的承诺后，柴伟按照毕敬山的要求，支付其 300 万元的现金，约定在事情办成后再支付其 1000 万元的辛苦费。随后，股权交接的事情一直没有进展，毕敬山一直找各种借口搪塞，并以办理股权交接事项急用为借口，又两次让柴伟通过转账方式支付其现金共 500 万元整。直到 2015 年 11 月初，柴伟委托相关人员打听后，才发现毕敬山实际上没有做过任何关于股权交接的事宜，他根本没有能力办这些事，也没有找过任何人办理（甚至连咨询也没有）过这些事。

【追诉经过】

柴伟以毕敬山涉嫌诈骗罪向某公安机关报案，公安机关经初查后，以诈骗罪对毕敬山刑事立案，并采取刑事强制措施；侦查终结后，以毕敬山涉嫌诈骗罪向区人民检察院移送审查起诉。区人民检察院以毕敬山成立诈骗罪移送至区人民法院审判，一审法院判决毕敬山诈骗罪成立，判处其有期徒刑 11 年，并处罚金 10 万元。毕敬山不服一审判决，提起上诉；二审法院经审理后判决驳回上诉，维持原判。

【争论要点】

1. 在案事实能否证实毕敬山没有为履行与天目集团的约定而从事任何有效的工作。

2. 毕敬山是否有实际能力成功办理与天目集团约定的事项。

3. 河南省某公安机关对本案是否具有管辖权。

【代理思路】

首先，我们根据详细调查所得到的证人证言及相关领导人员的证言，证实毕敬山退出青山集团多年，在青山集团内部职工、管理层之间并无有效的影响力，不具有完成与天目集团约定任务的基本能力。因此，其对天目集团柴伟的许诺，明显属于虚构事实、隐瞒真相的诈骗行为。

其次，我们询问了大量毕敬山对柴伟所讲过的、曾答应他帮忙办事的领导，这些领导均否认曾答应毕敬山帮助天目集团进入青山集团，甚至称毕敬山根本没找过他们或是压根就不认识毕敬山。这证实了毕敬山没有为履行与天目集团的约定作出任何有效的工作和努力，其从初次收取天目集团的 300 万元现金，再到之后陆续又收天目集团 500 万元经费的行为，均怀有通过欺骗的手段，非法占有他人财产的目的。

最后，我们通过查证，发现毕敬山在收到天目集团支付的 300 万元经费后，将大部分经费用于其家庭开支，从而再次印证了其非法占有的目的。

【代理词摘要】

一、河南省公安机关对本案具有管辖权

作为控告方的柴伟与作为被控告方的毕敬山对天目集团向毕敬山付款的数额及方式并无异议。第 1 笔 300 万元系柴伟在山东省以现金的形式直接交付给毕敬山；第 2 笔 200 万元系柴伟当着毕敬山的面，在山东省通过手机银行转账的方式支付给毕敬山；第 3 笔 300 万元系柴伟与毕敬山电话联系后，在河南省某市通过手机银行向毕敬山支付。对前两笔款项的支付，河南省公安机关依法并没有管辖权；但对第 3 笔款项的支付，因犯罪结果发生地（被害地）在河南省某市，故而，河南省某市公安机关依法具有管辖权。鉴于本案毕敬山涉嫌的犯罪地跨越河南省和山东省，依据相关法律规定，河南省公安机关在接受被害人的控告后，可以也应当立案管辖，并将发生在山东省的另外两起诈骗犯罪行为并案管辖和侦查。

毕敬山的辩护人以本案主要的犯罪地在山东省，故而应由山东省公安机关管辖的观点没有法律依据。法律和相关法规、司法解释和司法惯例，只是一般性地认为犯罪应该主要由主要犯罪地的公安机关管辖，并未规定必须由主要犯罪地的公安机关管辖；特别是在发生多地公安机关均有管辖权的情形下，依法应当由先立案的侦查机关管辖。

本案中，河南省公安机关应柴伟的控告，先于山东省公安机关立案，并进行了大量的侦查工作，取得了相应的一些证据，理应全案由河南省公安机关管辖。

而且，本案中，并无被害人向山东省公安机关进行控告，山东省公安机关是应毕敬山的家属及其辩护人的请求，才主动行使对毕敬山涉嫌诈骗案的管辖权，这种“自我报案”的做法，明显有悖情理。依此，不应将本案移交山东省公安机关处理。

关于本案管辖权的问题，山东省公安机关曾报请公安部将该案移交给山东省公安机关管辖，但公安部并没有同意其请求，正是对河南省公安机关对本案具有合法管辖权的一种明确确认。

二、毕敬山不具备帮助天目集团办理成功相关事项的基本能力，其对柴伟的承诺属于虚构事实、隐瞒真相的典型诈骗行为

本案卷宗中的相关书证以及大量的证人证言共同证实了一个事实：毕敬山

当时对青山集团的领导、管理层、员工已经没有任何的影响力,不具备帮助天目集团的基本能力,其谎称自己在青山集团及其职工中具有很大影响力,明显是在虚构事实,隐瞒真相。

而且,根据毕敬山的供述,其收到天目集团的经费后,曾经找多位青山集团的领导、山东省济南市的领导以及济南市公安机关的人员进行沟通,并按照其中某些人员的要求,给他们送了一些现金和礼品,这些人员都承诺帮助天目集团达到进入并控制青山集团的目的。但在笔者和公安机关对这些人员进行调查核实时,这些人员均对毕敬山的上述供述表示不认同,大多数人甚至与毕敬山不认识或不熟悉。公安机关取得的相关证据是:毕敬山将其收到的天目集团的 300 万元大部分用在了自己私人的生活开支方面。

毕敬山的辩护人认为公安机关应该承担证明毕敬山曾送钱给领导的举证责任,以证实毕敬山为帮天目集团而做了大量工作,从而否定其非法占有天目集团资金的目的,进而否定其诈骗罪的成立。但笔者认为,毕敬山的辩护人的上述观点明显不合逻辑和法律规定。因为在相对人对毕敬山送钱的事实不予认可的情况下,如果毕敬山自己不能举证送钱的证据,公安机关查证后也得不到毕敬山送钱的证据,则依据法律、逻辑、常识,就应该否定毕敬山的上述说法,而不能让公安机关承担举证不能的责任,进而肯定毕敬山的说法——公安机关承担的举证责任是证实毕敬山有罪,而非证实毕敬山无罪。当然,依据我国刑事诉讼法的相关规定,侦查机关应该全面调取犯罪嫌疑人有罪和无罪的证据,但这仅是说侦查机关发现有证实犯罪嫌疑人无罪的证据线索后应该调取,而不是仅凭犯罪嫌疑人的无罪辩解就一定要调取。毕敬山的辩护人认为,如果侦查机关无法调取这些能证实毕敬山无罪的证据,就应该承担举证不能的责任,进而肯定毕敬山供述的真实性——这是明显违背逻辑常识的本末倒置!

三、在案证据完全可以证实毕敬山实施了诈骗犯罪行为

卷中证据证实:柴伟与毕敬山之前并不认识,是毕敬山主动找到柴伟才引起了双方的合作。而且,毕敬山之前确实担任过青山集团的副总经理,并对柴伟说了他在当地有地位、有影响力的几个朋友的名字,而这些人是经常在山东省各大媒体上出现的人物,上述行为使柴伟对他的能力深信不疑。毕敬山编造的一个月之内将所有的股权交接事项办理完毕的谎言,诱使柴伟违反天目集团内部的财务规定,直接从天目集团借出了 300 万元现金支付给毕敬山。

之后，毕敬山抓住天目公司以及柴伟急于办成此事的心理，欺骗柴伟说钱已经送给了领导（说出了该领导的具体名字）；又说事情马上就要办成，但需再花点钱，否则事情就黄了。为骗柴伟相信他的话，他还当着柴伟和天目集团李总的面给“领导”打电话，拉家常，让柴伟和李总误认为该事马上就会解决（事后证实他根本就没拨通电话，是在自己进行“表演”）。在毕敬山的高超演技下，天目集团的李总和柴伟再次被骗，又一次落入了毕敬山设置的圈套，又分两次给其转账500 万元。

上述事实由毕敬山给柴伟出具的书面收到条加以印证，而且该收到条上还应柴伟的要求写上了“为办理股权交接事项”“为确保股权交接事项的尽快办理”等内容，足以证实柴伟所述的被毕敬山诈骗的事实。而毕敬山的供述一直是反反复复、自相矛盾且与常理相悖的，依法不应给予采纳。

10 张英博诈骗案

——国内签订的以国外为履行地的合同，若行为人虚构了国外的基本事实，可以由国内有权管辖机关以诈骗罪立案侦查

【案情简介】

温西方几年前曾经在家乡某地开办过一个金矿，获得了相当不错的收益。温西方经人介绍，认识了家住沈阳市并且近年来一直在巴布亚新几内亚开办金矿的张英博。张英博对温西方等说他与某国家领导的孙女韦某关系很好，韦某早些年与人合伙，在巴布亚新几内亚开办了一家世界上储量最大的金矿，但因最近国内整治领导干部的子女经商问题，导致该金矿在投入 2 亿余元的前期资金后一直没有进一步开采营利。张英博还说韦某曾多次委托其全权处理巴布亚新几内亚的金矿经营、开采事宜，若温西方有意投资，他就帮温西方低代价接手该金矿，并保证金矿能很快生产经营。

最终，张英博骗取温西方的信任，通过与温西方签订投资协议的形式，骗取温西方的先期资金 500 万元。之后，为应付温西方，张英博带领温西方到巴布亚新几内亚实地考察，通过买通当地的向导和翻译等手段，将不属于自己管理的金矿谎称为韦某投资、委托自己管理的金矿，欺骗温西方在回国后，又向其支付保证金 2000 万元。之后，温西方根据张英博的安排，雇用了 20 余名工人，并帮这些工人办理了出国签证，为出国开采金矿做好准备，却迟迟不能得到张英博何时带领他们到巴布亚新几内亚开采金矿的回复。温西方派人到巴布亚新几内亚打听，方得知其曾经考察过的金矿并非属于韦某投资所有，张英博亦非该金矿的受托管理人。

【追诉经过】

温西方以张英博涉嫌诈骗犯罪向公安机关报案，公安机关以张英博涉嫌诈

骗罪刑事立案。公安机关在准备抓捕张英博时，被张英博提前得到消息，其即刻潜逃至英国。公安机关对张英博网上追逃，现在仍未抓捕归案。

【争论要点】

1. 张英博是否具有虚构事实、隐瞒真相的诈骗行为，该行为是否是温西方向其支付2500万元资金的根本原因。

2. 张英博潜逃国外，拒不接受公安机关问询的行为，能否结合其他相关证据推定其在与温西方签订协议时，具有非法占有的目的。

3. 张英博的行为是成立诈骗罪还是合同诈骗罪。

【代理思路】

首先，笔者在报案时重点强调张英博在收到受害人2500万元巨额资金后，一味推脱与被害人见面；在公安机关对其立案侦查后，张英博立即潜逃国外，拒不接受公安机关的合法问询，即以张英博的种种不正常的表现，来推定张英博具有诈骗犯罪的重大嫌疑，促使公安侦查机关对本案立案侦查。

其次，我们收集了经公证机关公证过的巴布亚新几内亚出具的相关证明和司法文书，以证实张英博在该国没有任何金矿，也不是任何金矿的管理人，从而证实张英博虚构了交易标的。因为我国与巴布亚新几内亚并没有签订正式的司法协助条约，所以我们自行在巴布亚新几内亚取得了相关书证并在我国公证机关进行公证。虽然这未能完全符合我国刑事诉讼法上规定的证据形式，但足以使公安机关内心确信这些书证的内容，对坚定其侦破此案的决心具有很重要的强化作用。

最后，温西方之前曾以张英博涉嫌合同诈骗罪向公安机关提出控告，公安机关受理后经初步审查，最初口头认为可以立案侦查；但该局法制室在审查时提出了国外证据如何获得的问题，考虑到国外进行调查取证的复杂性和困难性，最终公安机关作出不予立案的决定。笔者在接受温西方的委托介入本案的刑事控告后，一是考虑到公安机关一旦作出不予立案的决定，很难就同一事实，以同一罪名再次作出立案决定。二是经研判后，笔者认为本案以诈骗罪立案侦查，更符合本案的事实。而且，本案若按照合同诈骗罪立案侦查，虽然案件的管辖权不存在问题，但因合同约定的实际履行地在国外，就必然要查清合同履行地的相关情况。这就需要侦查人员亲赴国外进行调查取证或通过公安部进行司法协助来获得相关资料。若赴国外去调取相关证据,中间必定会牵扯到诸如文书翻译、公证等相关事项,不但给公安机关造成额外的工作负担,也会对案件的处理造成实质的影响。

为了顺利使公安机关对本案立案侦查,笔者决定将原控告的合同诈骗罪名改为一般的诈骗罪,达至顺利立案的目的。最终,公安机关支持了我们的意见,以诈骗罪对张英博实行网上追逃。

【代理词摘要】

本案中张英博的行为显然成立诈骗罪,理由如下:

一、张英博虚构了本案涉及的交易标的,虚构了自己的身份,以此骗取温西方的信任,使温西方向其支付巨额钱款

首先,在案证据显示,张英博所述的在巴布亚新几内亚的金矿客观上根本就不存在。韦某是某国家领导的女儿,但与张英博仅是认识,何况韦某并未在巴布亚新几内亚投资过金矿,更不存在委托张英博管理该金矿的事情。温西方在巴布亚新几内亚考察的金矿与张英博没有任何的经济、投资、委托管理关系;张英博仅是曾在该金矿打过工而已。故而,张英博欺骗温西方投资的交易标的是虚构的、不存在的。

其次,在案诸多证人的证言证实,张英博与温西方等在北京商谈投资金矿事项时,其预定的宾馆属于总政歌舞团所开办,其经常穿着不带军衔的军服,说是韦某送给他的。张英博以此来使温西方等进一步确证自己与韦某的关系,骗取温西方的信任,为其骗取温西方的首批付款打下基础。

二、张英博在骗取温西方钱款后,以各种理由推脱,拒不履行承诺;在得知公安机关介入调查后,立即潜逃国外,其非法占有的目的得到确证

张英博在获取温西方钱款后,一味推脱与温西方见面,甚至为逃避还款,以考察为名直接躲避到英国,使温西方无法与其有效沟通。后温西方为讨要被骗款项,安排其朋友以想投资国外金矿为名与张英博取得联系,才骗得张英博从英国秘密回国,企图再次行骗他人。张英博回国后,很快通过其在公安系统的朋友获知公安机关已对其刑事立案的消息。于是,其在回国的第二天,即公安侦查人员准备抓捕的当天,乘飞机再次逃离我国,潜逃至英国,至2021年12月仍拒不回国接受调查。上述事实足以证实张英博做贼心虚，否则其为何多次潜逃，不接受公安侦查机关的讯问？

三、张英博的行为成立诈骗罪，而非合同诈骗罪

合同诈骗罪主要是利用合同的签订、履行来骗取相对人的资金，是以合同作为核心因素或主要载体而实施的犯罪行为。本案的犯罪事实明显不符合合同诈骗罪的特征和情形。本案的证据显示，张英博虚构了一个完全不存在的金矿，编造了某国家领导之女韦某与该金矿的权属关系，虚构了其与韦某的委托合作关系，骗取温西方的信任，导致温西方在没有经过详细调查核实的前提下，向其支付了2500万元。本案的合同仅是张英博诈骗犯罪的一个获得赃款的环节，且并不是诈骗犯罪完成、获得赃款的必不可少的环节；其诈骗的得逞主要是由（一般）诈骗罪规定的虚构事实、隐瞒真相方法所致，而非签订、履行合同所致。

11 吴政毅诈骗案

——收取他人钱款后，没有为履行协议做实质性工作，后以政策有变为由不予返还款项的，成立诈骗罪而非合同诈骗罪

【案情简介】

2013 年初，吴政毅通过朋友介绍认识了在汝州市做房地产生意的孙志峰。之后，吴政毅利用孙志峰急于开发房地产赚钱的心理，一方面向孙志峰鼓吹自己资金实力雄厚，以骗取孙志峰的信任；另一方面以成都龙泉中悦酒店名下的地块为诱饵，隐瞒划拨仓储土地不能用于商业居住开发的真相，谎称该地块商住开发手续都已办好，且容积率高，回报丰厚，诱骗孙志峰进行投资。为骗取孙志峰钱财，吴政毅谎称该地块自己只占 51% 的股份，另由张友生持股 49%，如果想开发的话，只能将张友生的 49% 股份买下。孙志峰为了投资开发该地块获利，愿意出资购买张友生的股份。

2013 年 3 月，吴政毅虚构共同购买张友生 49% 股份的事实，谎称自己出资 6327 万元，购买张友生 49% 股份中的 19%，让孙志峰出资 9990 万元，购买张友生 49% 股份余下的 30%。在孙志峰表示资金不足时，吴政毅为进一步骗取孙志峰的信任，虚构自己出 3000 万元转账给成都龙泉中悦酒店替孙志峰垫资的事实，并指使吴正发开具以自己名义出资 3000 万元转账给成都龙泉中悦酒店的收据，最终骗取孙志峰 6990 万元的投资款。

【追诉经过】

吴政毅 2018 年 4 月 13 日因涉嫌诈骗罪被公安机关刑事拘留，2018 年 4 月 25 日被检察机关批准逮捕。2018 年 6 月 22 日，公安机关以吴政毅涉嫌诈骗罪移交检察机关审查起诉。其间，案件被两次退回公安机关补充侦查。后在吴政毅全额退还孙志峰款项的前提下，检察机关对吴政毅作出事实不清、证据不足的不

起诉决定。孙志峰针对检察机关的不起诉决定提起申诉,吴政毅及其家属最终足额赔偿了孙志峰遭受的经济损失。

【争论要点】

1. 吴政毅等的行为是否成立诈骗罪:

(1)吴政毅是否隐瞒了涉案标的的真实状况。

(2)吴政毅将收取的6990万元用于归还其欠别人的款项,没有用于履行与被害人的协议,能否推定其具有非法占有他人钱款的目的。

2. 吴政毅等成立的是诈骗罪还是合同诈骗罪。

3. 在本案交易标的因政策的变化已经不具有履行的可能性时,吴政毅等是否具有归还被害人钱款的义务;孙志峰因吴政毅的诈骗行为遭受的经济损失,是否应该得到及时赔偿。

【代理思路】

首先,土地管理部门、住房和城乡建设部门公开发布的文件及信息证实本案被害人付巨资投资的土地已经不可能达到预期的开发目的,加上在被害人与吴政毅签订协议之前,吴政毅向被害人提到的能帮其办理开发手续的领导已经因贪腐犯罪被采取强制措施的官方信息,论证吴政毅明知该土地开发工作已经无法进行,却仍然欺骗被害人投资的诈骗事实。

其次,通过收集、整理一些关于土地开发的基本常识性知识,以及房地产开发行业领域内专业人士的经验,证实吴政毅为自己脱罪的言辞明显与常理常识不符,不但不可采信,而且从另一方面证实其一贯的诈骗本性,强化司法办案人员对本案涉嫌重大诈骗嫌疑的内心确认。

再次,通过吴政毅收受被害人钱财后,没有为履行与被害人的协议做任何有效的工作,反而将该钱款用于支付自己所欠付的第三人债务,推定吴政毅具有非法占有被害人钱财的目的。

最后,结合被害人及相关知情人员的证词,梳理本案事实经过的发展过程,综合论证本案成立诈骗罪而非合同诈骗罪。

【代理词摘要】

一、本案证据可以充分证明,吴政毅向孙志峰隐瞒了涉案土地的划拨仓储用地性质,谎称涉案土地已取得商业用地手续,其行为符合诈骗罪的客观要求

本案中,吴政毅实施了多个欺骗行为,包括隐瞒涉案土地的划拨仓储用地性质,谎称已取得该土地的商业用地手续;虚构张友生持有涉案土地 49% 的股份;谎称为孙志峰垫付 3000 万元股份购买款等。对此,笔者认为,诈骗罪的欺骗行为的核心是对取得财物的对价进行虚构或者隐瞒。本案中,吴政毅取得孙志峰 6990 万元的对价是涉案土地 30% 股份的价值,并具体表现为涉案土地的性质是否属于商业用地。如果吴政毅对涉案土地的商业用地性质进行了虚构,其行为就属于诈骗行为。而本案现有证据可以充分证明,吴政毅隐瞒了涉案土地的划拨仓储用地性质,谎称涉案土地为商业用地,其行为符合诈骗罪的客观要求。这具体体现在:

(一)本案现有证据清楚表明,涉案的土地性质为划拨仓储用地,而非商业用地

本案涉案的土地是成都龙泉中悦酒店名下的土地,涉案时该地块位于成都高新技术产业开发区(以下简称成都高新区)大源铜牌区。对于该地块的性质,本案相关书证清楚地表明其为划拨仓储用地,而非商业用地。包括:

1. 该地块的土地使用证载明其为划拨仓储用地。本案中,成都龙泉中悦酒店 2012 年 2 月 1 日取得的《国有土地使用证》清楚地记载,"土地使用权人:成都龙泉中悦酒店"、"坐落:成都高新区大源铜牌片区"、"地类(用途):仓储用地"、"使用权类型:划拨"及"使用权面积:33365. 95m²"。表明涉案土地的性质为划拨仓储用地,而非商业用地。

2. 该地块的流转过程文件清楚地表明其性质为划拨仓储用地。成都高新区大源铜牌片区地块是成都龙泉中悦酒店采用等面积同用途的方式置换取得。置换前的土地使用证成都龙泉中悦酒店 2011 年 5 月 11 日取得的《国有土地使用证》记载:"土地使用权人:成都龙泉中悦酒店"、"坐落:成都高新区桂溪乡民乐村"、"地类(用途):仓储用地"、"使用权类型:划拨"及"使用权面积:33365. 95m²"。置换文件[包括成都高新技术产业开发区土地储备中心与成都龙泉中悦酒店 2011 年 12 月 1 日签订的《土地置换及附着物补偿框架协议》和成都高

新技术产业开发区管理委员会(以下简称成都高新区管委会)与成都龙泉中悦酒店2011年12月20日签订的《土地置换及附着物补偿协议》]规定:成都龙泉中悦酒店同意将名下位于成都高新区桂溪乡民乐村的划拨仓储用地33365.95平方米(50亩)等面积同用途地置换到高新区大源铜牌片区。这也清楚地表明,成都龙泉中悦酒店名下的土地无论是在置换前还是在置换后,都是划拨仓储用地,该土地没有因置换而直接变成商业用地。

3. 该地块虽曾履行土地变性的部分手续但最终受阻,土地的性质始终为划拨仓储用地。本案证据显示,成都龙泉中悦酒店名下的土地在置换时,成都高新区管委会同意在置换后办理仓储用地转为商业用地的变更手续并履行了部分手续。本案中,成都高新区管委会《第45次规划国土联席会会议纪要》就成都龙泉中悦酒店土地置换事宜称:"同意该公司原用地按规划选址等面积置换,置换后的土地用途为商业用地(兼容不超过50%住宅),国土分局按双方评估方式办理土地用途变更和收取土地收益。"在此基础上,该土地为变更用途办理了土地评估、报请上级单位审批等手续,但最终因上级单位(成都市人民政府)未批准而未能成功变更土地用途。该土地的性质至2018年3月仍为划拨仓储用地,而非商业用地。

(二)本案证据可以充分证明,吴政毅向孙志峰隐瞒了涉案土地的划拨仓储用地性质,谎称涉案土地为商业用地且办好了商业用地手续

1. 吴政毅的多份笔录表明,其向孙志峰介绍涉案土地时称商业用地的指标手续已经办好。例如,吴政毅2018年6月21日8时41分至12时05分的笔录对"你当时是如何给孙志峰介绍这些土地情况"的提问回答道:"我给孙志峰说了这块土地可以开发,政府指标都拿到了。""我说指标手续都办好了,缴纳土地出让金后就可以开发。"吴政毅2018年4月19日10时51分至11时57分的笔录称:"当时我给孙志峰说的是容积率6.0,一半是商业,一半是住宅,一共50亩地。这样算下来的话,一平方米可以赚1万元,一亩可以赚4000万元,50亩的话可以赚20亿元。"

2. 被害人孙志峰的笔录始终称吴政毅向其介绍涉案土地性质时明确称是商业用地,且已经拿到了商业用地的手续。例如,孙志峰2018年3月4日17时00分至19时36分的笔录称:"吴政毅说,成都龙泉中悦酒店法人代表是他弟弟吴正发,但实际控制人就是他。成都龙泉中悦酒店名下有一块50亩的土地,土地

性质是商业居住用地，如果开发成住宅出售，利润非常可观。并且，他告诉我，土地使用证是现成办好的，地方关系也都协调了，没有问题，希望和我合作开发这块土地。”孙志峰2018年5月8日8时44分至9时46分的笔录称：“吴政毅说是商业住宅用地，土地手续、建设手续全部已经搞好了，就准备马上进驻开发了。”孙志峰2018年9月22日15时00分至16时36分的笔录称：“吴政毅说所有的土地手续都办好了，各种开发资质规划证、建设证也都拿到了，马上就要进驻开发了。”

3. 多位证人证明吴政毅向孙志峰谎称涉案土地为商业用地，且用地手续已经办好。例如，证人彭红莉2018年3月5日8时00分至9时56分的笔录称：“孙志峰组织了一个饭局，沈涛、储兰兰、吴政毅都参加了。吃饭的时候，吴政毅又说起了这个话题。我记得很清楚，吴政毅说和沈某某是多年的好朋友，看在孙志峰和沈某某关系这么好，才合作这个项目，按照成都市的发展程度，将来这个项目能赚十来个亿。并且说各方面的关系都协调好了，商用住宅土地使用证、立项批复什么的都齐全了，就等张友生的股份退出去。”证人张洪瑜2018年3月5日14时00分至15时34分的笔录称：“开始只是听吴政毅说这块地的土地手续都办好了，是出让的商业住宅用地，孙志峰也告诉我是居住用地。我问孙志峰有没有看过土地批文，孙志峰说没看过，说是沈某某介绍的关系不用考虑。”

综上，本案现有证据可以充分证明，涉案土地的性质是划拨仓储用地，但吴政毅对孙志峰隐瞒了土地的真实性质，谎称涉案土地为商业用地且办好了商业用地手续。这客观上导致孙志峰对涉案土地的价值和其所要购买的该土地30%股份的价值发生了错误认识。吴政毅的行为属于诈骗行为，其行为符合诈骗罪的客观要求。

二、本案证据可以充分证明，吴政毅主观上具有非法占有孙志峰6990万元的目的，其行为符合诈骗罪的主观要求

诈骗罪的成立在主观上要求行为人必须具有非法占有他人财物的目的。非法占有目的表现为行为人主观上具有无合法根据地占有他人财物的意思。笔者认为，取得财物的对价必须真实存在或者具有实现的高度可能性。如果行为人明知实现对价的可能性很小或者实现的难度很大但仍以此作为对价取得他人财物，就表明行为人主观上具有非法占有的目的。本案中，吴政毅是以涉案土地30%股份的商业开发价值作为孙志峰支付6990万元的对价，但事实上，该土地很难用于商业开发。因此,吴政毅主观上是否具有非法占有的目的,关键在于吴政毅主观上对涉案土地难以进行商业开发是否明知。而本案现有证据可以充分证明,吴政毅明知涉案土地难以进行商业开发,主观上具有非法占有孙志峰6990万元投资款的意图。这具体体现在:

1. 本案现有证据表明,吴政毅事前明知涉案的土地难以进行商业开发,本案存在的众多证据也表明,在2013年之后涉案土地要完成变性非常困难,而且吴政毅对此完全知情。具体包括:

吴政毅的笔录表明其事前知道要将涉案土地变更为商业用地很困难。吴政毅2018年6月19日15时00分至18时05分的笔录称:“这块地要是想开发的话,需要成都市国土局报成都市政府会议通过,结果第一次没有通过,有的政府领导不同意。后来准备第二次上会通过,但是这个时候,四川省、成都市很多高级干部都因为职务问题、腐败问题出事了,这块地的事情就搁置了。当时我记得协调办理这块地的变性开发手续的是成都市国土局的局长,叫曾敏,后来因为职务违法犯罪问题受处分,这块地的变性开发手续就停下来了。”该笔录对于“这块地现在究竟能不能开发”的提问称:“土地变性等手续办好就可以,但是我也知道手续很难办。”在此基础上,曾敏的简历显示,曾敏于2013年1月调离成都市国土局。这意味着,吴政毅在孙志峰付给他6990万元之前就知道涉案土地的变性手续很难办,难以用于商业开发。

吴政毅与冷定君签订的协议表明,要办理涉案土地的变性很难。本案中,涉案土地系吴政毅从冷定君处购得。在此之前,冷定君一直想将土地用途变更为商业用地但都没有成功,后吴政毅以6500万元的价格接手。冷定君与成都创新房地产开发有限公司以及张友生在2011年7月25日签订的《股权转让协议书》中针对6500万元转让金的支付明确约定:“本协议签订生效后10日内,乙方(成都创新房地产开发有限公司)支付甲方转让金预付款15%,共计975万元人民币。”“乙方(成都创新房地产开发有限公司)收到中悦酒店名下50亩划拨仓储用地同意办理调规、变性、出让通知之日起15日内准备好应缴土地出让金和应付甲方(冷定君)剩余的股份转让款5525万元人民币,在国土局签订《国有土地出让合同》当日,一次性支付到甲方指定的账户。”该协议表明,签订协议的三方(特别是吴政毅)都知道土地变性对土地价格的影响,也知道土地变性很难,所以才将85%的转让金规定在签订《国有土地出让合同》时一次性支付,目的显然是为了规避土地变性不成的损失和风险。

2. 办理涉案土地变性的手续难度表明要将涉案土地变更为商业用地很难。这表现在三个方面：一是变更涉案土地的用途需要成都市人民政府同意，成都高新区管委会无权作最后决定。本案中，成都高新区管委会同意办理涉案土地的变更用途手续，并与成都龙泉中悦酒店签订了《土地置换及附着物补充协议》，制作了《议事纪要》《工作联系函》等文件，但该地块变更用途的最终决定权不在成都高新区管委会，而是要经过成都市国土局上报并最终由成都市人民政府决定。这一土地变更用途流程决定了要将涉案土地变更为商业用地很困难。二是《成都龙泉中悦酒店规划条件通知书》《土地估价报告》等只是技术性文件，不是审批性文件，不意味着土地变性成功。本案中，公安机关 2018 年 9 月 27 日出具的补充侦查报告书明确称：《成都龙泉中悦酒店规划条件通知书》是技术性文件，是技术要求和规范，不是审批性文件，是国土分局价格双评估的重要依据之一。在价格双评估以后，成都龙泉中悦酒店未按照《土地置换及附着物补偿协议》《议事纪要》《工作联系函》中的相关约定进行土地变性的操作，土地性质和用途仍为“划拨仓储用地”。可见，吴政毅取得土地变性的技术性文件与土地变性成功之间不具有直接对应关系。三是涉案土地变更用途的部分文件在案发前已经失效。本案中，成都市国土规划地籍事务中心《土地估价报告》（成地籍事务〔2012〕评字第 042 号）的估价基准日“设定为二〇一二年四月十一日”，并称：“本报告有效期为半年，即 2012 年 4 月 11 日 ~2012 年 10 月 10 日期间有效”。而本案涉案行为发生在 2013 年三四月。因此，在本案案发前，《土地估价报告》已经失效。涉案土地要继续办理变更用途手续必须重新进行土地评估，这无疑增加了土地用途变更的难度。

3. 成都龙泉中悦酒店自 2013 年起即处于歇业状态。本案中，涉案土地处在成都龙泉中悦酒店名下。但成都龙泉中悦酒店的工商年检资料显示，自 2013 年起该酒店即处于歇业状态（后被吊销并注销银行账户）。吴政毅无法以成都龙泉中悦酒店的名义对涉案土地进行变性，更无法进行商业开发。因此，本案中，吴政毅对于涉案土地难以变更为商业用地和难以进行商业开发是明知的。吴政毅以一种不太可能实现的对价要求孙志峰支付 6990 万元资金，足以表明其主观上具有非法占有孙志峰 6990 万元的目的。

三、本案其他证据和事实表明,吴政毅主观上具有占有孙志峰 6990 万元投资款的意图

如前所述,吴政毅明知涉案土地的变性和商业开发很难,但仍对孙志峰谎称土地已经变更为商业用地,可以用于商业开发,其主观上占有孙志峰 6990 万元投资款的意图明显。除此之外,本案其他证据和事实也表明吴政毅主观上具有占有孙志峰 6990 万元投资款的意图。主要包括:

1. 案发前,吴政毅对外欠大量高利贷,迫切需要资金。本案中,根据委托方的介绍及吴政毅的笔录等证据,吴政毅在本案发生之前本就没有多少资金。其主要资产成都创新大厦时代广场尚未建成且背负了大量银行贷款(该广场后因欠银行贷款逾期未还而被查封),同时吴政毅对外欠了大量高利贷,急需资金,其主观上具有骗取孙志峰 6990 万元资金的动机。

2. 案发过程中,吴政毅虚构帮孙志峰垫付 3000 万元投资款的事实,表明其急于得到孙志峰的投资款。本案证据显示,在孙志峰对以 9990 万元购买吴政毅所称的 30% 股权发生犹豫时,吴政毅为了让孙志峰早做决定,主动提出帮孙志峰垫付 3000 万元,并在开具虚假收据后以督促孙志峰归还垫付款为名要求孙志峰尽快支付 6990 万元投资款。这清楚地表明,吴政毅急于得到孙志峰的 6990 万元。

3. 案发后,吴政毅没有将孙志峰支付的 6990 万元用于涉案土地变性、商业开发,而是用于归还高利贷等。本案中,吴政毅的笔录清楚地表明,孙志峰的 6990 万元没有用于涉案土地的变性、商业开发,而是被吴政毅转移用于归还高利贷等。吴政毅 2018 年 4 月 14 日 9 时 51 分至 10 时 57 分的笔录称:"孙志峰打了 6000 万元到中悦酒店的公户上,又汇了 990 万元到我个人的银行账户上。这 6000 万元收到以后,用来还我以前的有些社会集资的高利贷的钱了,990 万元也用来还以前的高利贷借款了。"吴政毅 2018 年 4 月 19 日 10 时 51 分至 11 时 57 分的笔录也有类似的供述。同时,成都龙泉中悦酒店等的银行流水记录表明,吴政毅在取得孙志峰 6990 万元的投资款后很快进行了资金转移,相关款项完全没有用于涉案土地变性、商业开发,而是被用于归还高利贷等。

本案中,吴政毅明知涉案土地难以变更为商业用地,难以进行商业开发,仍以此为对价骗取孙志峰的财物,且在取得财物后迅速进行资金转移,符合最高人民法院 2001 年 1 月 21 日发布的《全国法院审理金融犯罪案件工作座谈会纪要》

规定的"明知没有归还能力而大量骗取资金""抽逃、转移资金、隐匿财产,以逃避返还资金"等多种情形,应认定其主观上具有非法占有的目的,应当以诈骗罪追究其刑事责任。

综上所述,现有证据可以充分证明,吴政毅明知涉案土地难以变更为商业用地且难以进行商业开发,故意向孙志峰隐瞒涉案土地的划拨仓储用地性质,谎称涉案土地已取得商业用地手续,并在骗得孙志峰6990万元投资款后迅速进行资金转移,其行为符合诈骗罪的主客观要求,应当以诈骗罪追究其刑事责任。

四、吴政毅的行为成立诈骗罪,而非合同诈骗罪

吴政毅虚构了一个完全不存在的标的,签订了一个自始至终不准备履行也无法履行的合同,骗取孙志峰的巨额钱款;实际上他也没有为履行该合同从事任何实质性的工作。故而,吴政毅的诈骗行为与本案涉及的所谓合同没有本质上的牵连,本案成立诈骗罪而非合同诈骗罪。

吴政毅的辩护人以本案可能涉嫌合同诈骗罪而非诈骗罪为由,否定侦查机关立案程序的合法性以及管辖权的合法性,是没有任何事实根据和法律依据的。

【申诉书摘要】

——针对公诉机关的不起诉决定书,我们向公诉机关提起申诉;吴政毅及其家属迫于压力,足额赔偿了给孙志峰造成的经济损失。

一、不起诉决定书及不起诉理由说明书中认定的九个"事实"与卷中事实严重不符

1. 不起诉决定书第3页第11行"孙志峰出资6990万元,占有该地块30%的股份",与卷中"孙志峰拟出资9990万元,占有该地块30%的股份"的事实不符。卷中证据显示吴政毅多次向孙志峰追要其"垫付的3000万元",即孙志峰是"以9990万元的对价占有该地块30%的股份"。这些诈骗事实,在侦查卷宗中显示得清清楚楚,且有足够的书证加以证实。

2. 不起诉决定书第3页第14~15行"不能证明孙志峰和吴政毅合作开发该涉案地块是谁主动提出",与卷中证据不符。吴政毅故意虚构、夸大该涉案地块的商业价值、用地性质,欺骗孙志峰与其"合作",该"合作"是吴政毅主动提出的——该"合作"就是诈骗!

3. 不起诉决定书第3页第15~16行"不能证明孙志峰给吴政毅打钱之前是

否复制了涉案地块的相关资料”，与卷中证据不符。卷中孙志峰以及参与谈判的两名证人均证实，孙志峰没有见过涉案地块的相关资料，更别谈“复制”，甚至侦查卷宗中也未显示吴政毅曾供述过“孙志峰复制过相关资料”。

4. 不起诉决定书第 3 页第 17 行“不能证实吴政毅是否隐瞒了涉案土地当时的状况以及土地性质，双方各执一词”，与卷中证据不符，与常理常识不符，与一般逻辑不符。

(1)卷中多名证人、被害人孙志峰，甚至吴政毅均陈述“该地块手续办好了，可以开发”——手续办好、可以开发的地块难道不是商业用地？国有划拨用地能用来搞商业开发吗？

(2)孙志峰、证人的陈述稳定吻合，并且由相关书证加以印证；而吴政毅的供述多次变化——吴政毅改变供述不是“一次”，而是“多次”，且其每一次狡辩都不能自圆其说，与常理常识相悖。

5. 不起诉决定书第 3 页第 18 行“有证据能够证明吴政毅等一直在进行着涉案土地性质改变的相关工作”，与卷中事实，特别是与书证严重不符。

(1)吴政毅在 2012 年认识孙志峰之前确实进行过涉案土地的变性工作，但其从 2013 年初开始就没有进行过任何涉案土地的变性工作。工商登记资料显示：该地块挂靠的酒店自 2013 年起就处于歇业状态，2014 年没有参加年检，2016 年被吊销营业执照。吊销营业执照后，其就不能再以该酒店的名义从事土地变性手续工作了。特别值得注意的是：吴政毅等犯罪分子为掩盖罪行，竟然画蛇添足，于吴政毅被抓捕后的 2018 年 8 月，再次申请恢复了该酒店的工商登记——这更进一步证实了在该酒店吊销营业执照期间是不能进行土地变性手续的，明显是此地无银三百两！

(2)吴政毅的供述以及成都市国土局局长曾敏的任职书证，证实吴政毅在与孙志峰认识之前就已经停止了涉案土地的变性手续，收取孙志峰资金后更是没有办理过土地变性手续。

(3)2011 年区政府拟将该涉案土地变性的相关资料、评估报告等在吴政毅认识孙志峰之前就已经失效，不能成为变更涉案土地性质的基础；失去了这些基础，吴政毅又没有重新进行相关工作，其所谓的办理土地变性手续明显是撒谎！

6. 不起诉决定书第 3 页第 20 行“孙志峰实际投资 6990 万元，占涉案地块 30% 的股份的情况双方都是认可的”，与事实严重不符。如上所述，孙志峰是投资9990万元才可能占有30%的股份,而不是投资6990万元就占有30%的股份——检察院的这种说法,不但孙志峰不认可,吴政毅也不认可,怎能说“双方都是认可的”。而且,作为诈骗犯的吴政毅在本案中也压根没有让孙志峰占有该涉案土地股份的真实意思。卷中证据显示:吴政毅对孙志峰说酒店是个人企业,无法通过变更工商登记来体现孙志峰的股份;还说等成立中悦房地产公司后就表明孙志峰的股东身份,并欺骗孙志峰给其出具《授权委托书》来办理显示孙志峰的股东事宜。但实际上,此时所谓的中悦房地产公司早在2011年就已经注册登记完成,还在2016年进行过变更登记。如果吴政毅真心想在该公司显示孙志峰的股份,应该早就能也早就应该办成了。

7. 不起诉决定书第3页第21行“后期孙志峰要求吴政毅退还投资款时,吴政毅没有拒绝”,没有证据给予支撑。实际上,卷中证据显示,孙志峰在2015年发现受骗后曾多次向吴政毅追要该款,但受到吴政毅的回避或拒绝。若吴政毅愿意退款,怎么还会走到今天的地步?

8. 不起诉决定书第4页第1行“现有证据能够显示吴政毅有实力退还孙志峰的投资款”,与事实不符、与法律不合。

(1)有实力退还诈骗赃款与是否成立诈骗犯罪没有任何法律关系。

(2)卷中证据显示的是:吴政毅及其公司负债累累,其收到孙志峰的钱后就立即归还了高利贷。

(3)吴政毅及其家属是为了逃避处罚找借口,才筹集了6990万元退款。但孙志峰付出6990万元资金后6年多来受到的损失怎么办?赃款应该追缴退还给被害人孙志峰,给孙志峰造成的巨大损失吴政毅也应该给予赔偿;但即使这样,这些情节也仅是吴政毅从轻处罚的酌定情节,而不是吴政毅不成罪的理由。

9. 不起诉理由说明书第2页“对于争议的问题双方证言稳定,没有其他证据印证”,明显与卷中证据矛盾。卷中证据显示:孙志峰的陈述、证人彭红莉、张洪瑜等的证言稳定如一,证实了吴政毅虚构土地性质的诈骗事实;而吴政毅的供述多次反复且均不能自圆其说,与常理常识相悖。

二、不起诉决定书中“本院自行补充侦查”存在不正常、不合理之处

检察机关自行补充侦查的情况少之又少,在平顶山市人民检察院可能是首例——这样做的原因是什么,请贵院斟酌!而且,平顶山市人民检察院自行补充侦查的结果和相关资料直到2019年6月,不但没有让被害人知道,而且没有告知公安机关。

三、本案现有的证据足以认定吴政毅成立诈骗罪

1. 即使按照现有的卷中书证,结合被害人、证人的陈述,就足可推定吴政毅具有非法占有的目的,足可证实吴政毅实施了虚构事实、隐瞒真相的诈骗行为;而不能仅听吴政毅的一人之言就否定其诈骗的目的和行为——特别是在吴政毅不能对自己的行为作出合理解释的情况下。

2. 就本案件,我国10多位知名、权威的刑事法学专家曾两次依据公安侦查卷宗进行详细论证,并作出吴政毅成立诈骗罪的书面论证意见。专家们的论证意见值得尊重和采纳。

综上所述,申诉人认为人民检察院不起诉决定书明显错误,请求贵院依法审查,并指令人民检察院对本案提起公诉。

12 魏东平“过桥资金”诈骗案

——银行行长为他人寻求过桥资金，事后故意不审批专项贷款用来归还过桥资金的行为，成立诈骗罪

【案情简介】

2015 年 7 月 8 日，在郑州经商的李某某经人介绍，认识了许昌市某银行的行长魏东平。魏东平对李某某说其有一朋友梁兵，从事润滑油、汽修厂等生意，名下还有一块位于许昌市区的土地，有很大的发展前景。梁兵为在许昌市区买地搞房地产开发，曾于 2014 年 7 月初在该银行用他的工厂抵押贷款 7000 万元，现今因为土地还没有办理完毕预售手续，而贷款期限到期，急需一笔 8000 万元的过桥资金。魏东平跟李某某说只要用 8000 万元的过桥资金先归还银行的贷款，在归还的第二天就会给梁兵发放 9000 万元的贷款，用来归还之前的过桥资金。魏东平问李某某是否有流动资金，如果有的话，可以借给梁兵用，非常安全而且盈利颇丰。

李某某在魏东平的介绍下与梁兵见面并签订借款协议，约定李某某借给梁兵 8000 万元，使用期限一天，利息 80 万元。后李某某按约定将 8000 万元打入梁兵提供的银行账户中，于当天下午收到梁兵通过银行给其转去的 80 万元利息。之后，梁兵以上级政策有变，不能再次获得银行贷款为由，一直不履行 8000 万元的还款责任。

【追诉经过】

李某某以魏东平和梁兵涉嫌诈骗罪向公安机关报案，公安机关侦查终结后，以梁兵、魏东平涉嫌诈骗罪向某区检察机关移送审查起诉；区人民检察院以梁兵、魏东平构成诈骗罪移送区人民法院审判。区人民法院以诈骗罪判处梁兵有期徒刑 10 年，并处罚金 10 万元；同时宣告魏东平不成立诈骗罪。梁兵没有上诉，

区人民检察院没有抗诉,一审判决发生法律效力。

【争论要点】

1. 梁兵是否成立犯罪,是成立诈骗罪还是合同诈骗罪。

2. 魏东平是否存在与梁兵恶意串通,非法占有李某某8000万元的共同犯罪故意。

3. 某银行是否对李某某的损失承担赔偿责任。

【代理思路】

李某某发现受骗后,首先以魏东平、梁兵涉嫌合同诈骗罪向公安机关控告。公安机关经初查后认为魏东平非涉案协议的当事人,不成立合同诈骗罪;梁兵没有实施虚构事实或隐瞒真相的诈骗行为,亦不成立合同诈骗罪;最终决定不予立案。李某某在收到公安机关不予立案的书面通知后,委托笔者作为诉讼代理人参与本案的刑事控告。笔者认真研究案情后决定以魏东平、梁兵涉嫌诈骗罪的共同犯罪向公安机关报案。

首先,鉴于李某某曾经以魏东平涉嫌合同诈骗罪向公安机关报案,公安机关已经作出不予立案的书面决定,笔者选择以梁兵与魏东平共同(一般)诈骗犯罪向公安机关报案,以合理规避公安机关的内部规定,确保该案被公安机关立案侦查。

其次,根据本案的书证所能证实的基本事实:某银行在李某某借钱给梁兵的前一天,特意与梁兵签订了"只要梁兵账户上有钱,就可直接扣抵之前梁兵对银行的欠款"的协议,足以让人怀疑银行是与梁兵一起预谋的,目的就是非法骗取李某某的借款而不准备归还。结合作为银行行长的魏东平全程参与该事件进程的基本事实,推定魏东平与梁兵具有诈骗犯罪的意思联络和沟通,至少证实两人具有共同诈骗犯罪的重大嫌疑。

再次,根据梁兵在向李某某借款之时,已然资不抵债,几乎处于破产状态的客观事实,结合梁兵与魏东平的密切经济联系,推定魏东平对梁兵无力归还李某某借款的状况是明知的。魏东平在此情况下仍介绍李某某与梁兵认识,在两人借款事件中充当中间人,其帮助梁兵诈骗他人的犯罪故意理应得到确证。这进一步强化了梁兵和魏东平成立共同诈骗犯罪的证据体系。

最后,利用魏东平与梁兵之间的矛盾,诱使两人为相互推卸责任而指证对方的犯罪事实,从而完善证实两人成立诈骗犯罪的证据体系。

【代理词摘要】

一、本案的证据足以证实梁兵与魏东平成立共同诈骗犯罪

1. 李某某与梁兵认识是魏东平介绍的,首先,鉴于魏东平银行行长的身份,李某某对魏东平能帮梁兵顺利获得贷款归还自己的资金确信无疑,这是李某某借款给梁兵的最根本原因。其次,魏东平告诉李某某之前梁兵的贷款7000万元是用其价值2亿多元的工厂做抵押的,且办理过抵押登记,借款给梁兵没有任何问题。总之,没有魏东平的承诺和运作,李某某不可能借款给梁兵。

2. 涉案的8000万元现金虽然打入了梁兵在该银行的账户中,但在1个小时内就被该银行工作人员划走,作为归还银行的贷款。按照法律法规的规定,储户在银行存款时,即使储户与银行之间有债务,银行亦无权单独决定从储户的账户中扣划存款抵销其债务,除非银行得到储户事先的特别授权。而本案就是如此:在李某某的8000万元打入梁兵在该银行账户的前一天,梁兵与银行签订了一份协议并单独出具了授权,同意只要该账户中有存款,就可由银行直接抵扣之前的贷款。该协议上有作为银行行长的魏东平的签名。正因如此,才使银行有权在该款打入梁兵账户1小时内就被银行扣划完毕,造成李某某的巨额损失无法得到偿还。

虽然魏东平对自己之前给予李某某的承诺一概否认,梁兵在接受公安机关的讯问时也给予否认,但根据8000万元款项打入梁兵账户之前一天签订的特别协议以及款项打入1小时内就被银行工作人员扣划完毕的情形,不得不让人相信这是魏东平与梁兵精心编织的一个骗局。根据李某某的陈述和这些相关书证,完全可以认定梁兵和李某某的共同诈骗犯罪事实。

3. 李某某打入的8000万元款项被银行作为梁兵归还的贷款而扣划后的第二天上午,银行就配合梁兵将该8000万元的工厂担保给予解除;在当天下午,梁兵就与第三人签订协议,将该工厂抵押给第三人,用于归还之前欠付第三人2亿多元款项的担保。这直接导致李某某最初期待的抵押资产不能用于担保归还其8000万元的债务——而梁兵的名下已经无其他有效资产可以用来归还该笔债务。

根据梁兵与李某某签订的借款协议,其需要在借款发生的2天内就全额归还该8000万元的借款。梁兵在与李某某签订协议时,明知自己的有效资产仅是抵押在银行的工厂,除此之外没有其他资产可以用来归还李某某;而其在该资产解除抵押后,并未将该资产作为归还李某某8000万元的担保,而是欺瞒李某某,用该工厂给其他债务担保,且其他债务的数额已经明显超过该工厂的价值。这就直接导致梁兵无法、不可能再用自有资产归还李某某的借款。

梁兵和魏东平辩称,当初确实打算用银行之后给梁兵的9000万元贷款来归还李某某的8000万元借款,只是因为上级政策的原因不能如愿向梁兵发放贷款,而非不打算归还李某某的借款,没有非法占有李某某借款的目的。该辩解明显不合常理和常识:身为银行行长的魏东平在李某某的8000万元打入梁兵账户前就刻意与梁兵签订特别协议,获得特别授权;进而在李某某的资金打入梁兵账户1小时内,就安排银行工作人员完成了银行债权的实现,足可推定魏东平当初就具有不再贷款给梁兵的事先故意;其后来用于推脱的所谓的政策变化,实际上是早在该次借款发生之前就已经明了、公布的政策,而不是在该次借款发生之后才实行的新政策。故而,魏东平与梁兵事先密谋,具有非法占有李某某资产不予归还的目的,理应成立诈骗犯罪的共犯。

魏东平辩称对梁兵的工厂抵押解封、再抵押给第三人的事项不清楚、没参与,亦无证据证实魏东平知道梁兵将工厂抵押解封后又抵押给了第三人,对魏东平是否成立共同诈骗犯罪并无实质影响。李某某借款给梁兵的主要原因是期望魏东平的银行贷给梁兵的9000万元资金来保障,次要原因才是以工厂的担保来保障。

二、本案成立诈骗罪而非合同诈骗罪

李某某最初是以梁兵成立合同诈骗罪向公安机关进行控告,公安机关已经作出不立案决定。理由是:根据李某某与梁兵签订的协议,并不能看出梁兵有利用签订、履行协议来非法占有李某某钱款的目的,因为协议中并无如李某某所述的“抵押工厂”“当天就贷款”等能证实梁兵说谎的内容;即使有这些约定,也仅是涉案协议之外的口头约定,何况梁兵和魏东平对这些事实一直全部予以否认。即使梁兵后来将工厂抵押给第三人,造成无能力归还李某某的借款,也是签订协议后发生的事情,在签订协议之前或之中具有非法占有目的的证据确实有所不足。

但我们认为,梁兵、魏东平并非利用签订、履行协议来占有李某某的钱款,而是虚构银行将会贷款9000万元给梁兵的事实或隐瞒银行不会贷款9000万元给梁兵的真相,以高额利息为诱饵,来骗取李某某的钱款。梁兵与李某某签订的借款协议仅是梁兵诈骗李某某的方式、手段而已,而非诈骗犯罪的主要载体。故而,本案依法成立诈骗罪而非合同诈骗罪。

三、根据常理常识,魏东平和梁兵的行为应该受到刑罚处罚

不管是合同诈骗罪还是诈骗罪,核心因素均是“骗”。司法实践中,几乎所有民事交易中都可能出现“骗”的情节,关键要看“骗”在交易中的地位和作用,特别是其对最后的危害结果发生所起的作用。

如果行为人在签订协议时一无所有,明知难以归还他人的借款,还隐瞒自己一无所有的事实,将借款挥霍或用于支付其他欠款,导致该借款事实上不能返还,就明显符合诈骗罪的构成要件——否则将与常理相悖!本案就是如此:梁兵先制造有能力归还借款的假象(银行贷款、工厂抵押等),借李某某的8000万元资金;之后将自己唯一具有的可能用来抵偿该借款的工厂完全抵押给第三人,使其无任何资产用来归还李某某,给李某某造成巨大的、无法挽回的经济损失;其非法占有李某某资产的主观故意和目的之存在是一个不争的事实。如果认为梁兵不能成立诈骗罪,则只可能是因为对刑法的误解!

四、银行应承担李某某8000万元损失的连带赔偿责任

本案即使没有充足、确凿的证据来认定魏东平成立诈骗罪,但这是刑事诉讼法所要求的“证据确实、充分”的犯罪证明标准所致——根据刑事诉讼法的原则和要求,理应如此。但民事诉讼与刑事诉讼的基本原则和证据要求标准明显不同:民事诉讼只需达到“优势证据”的标准就可认定某一事实的成立。

即使刑事诉讼中不能认定魏东平成立诈骗犯罪,但在民事诉讼中,魏东平作为该银行的行长,其所做所为代表着银行,且有优势证据证实其与梁兵恶意串通侵害了李某某的利益;银行又是涉案资金的直接受益人。故而,魏东平及其所在银行应该对李某某的经济损失承担民事上的连带赔偿责任。

13 胡同峰诉讼诈骗案

——捏造事实向法院提起行政诉讼，致使法院裁判撤销第三人的股权登记，然后通过工商登记机关的行政行为占有该股权的行为，成立诈骗罪

【案情简介】

同建公司系一大型国有煤矿改制后成立的从事原煤开采、供销等业务的综合性企业。按照政府国有企业改制方案，1000余名职工股份由原煤矿的5个领导代持。改制后的同建公司经营效益并不好，职工及其家属的生计存在巨大的问题，对当地社会的稳定造成了一定的压力。在此情况下，由当地政府主导，同建公司通过招商引资的方式引进经济实力强大的惠能公司来投资、管理该企业。

依据当地政府相关部门、同建公司、惠能公司经数次商讨后签订的协议，惠能公司向当地政府财政部门支付6000万元现金，购买该公司名下原属当地政府所有的两个采矿权；同时向同建公司投入1014.5万元现金，成为该公司的控股股东(84.64%的股权)。之后，惠能公司派人接管该公司，开始行使管理权、经营权和收益权。鉴于当时煤炭形势不好，该企业的运营一直不太理想，原来承诺的关于职工的待遇、劳保等问题难以理想解决，公司的内部也存在一些矛盾，使该公司长时间处于停产状态。

2009年初，煤炭形势突然好转。当地人胡同峰拟低价获取同建公司的股权，然后通过转卖获取暴利。胡同峰利用同建公司内部的矛盾，并通过行贿的方法勾结当地的司法机关、行政机关的相关负责人，指使同建公司的5个股东(代持1000名职工的股权)编造被胁迫签订协议的虚假事实，向县人民法院提起行政诉讼。县人民法院最终判决撤销了惠能公司入股该公司的相关会议纪要、协议等，并将惠能公司通过工商登记拥有的股权撤销，恢复了之前5个股东的登记状况。之后，胡同峰安排5个股东以超低价将他们代持的股权转让给胡同峰控制

的3个自然人,并安排该3个自然人将其持有的股权转让给第三人,获取股权转让款3亿余元。

【追诉经过】

惠能公司以胡同峰涉嫌诈骗罪向当地公安机关报案,当地公安机关受理并刑事立案,对胡同峰等4人采取刑事拘留措施。公安机关侦查终结后,将本案移送县人民检察院审查起诉。县人民检察院以胡同峰等成立诈骗罪将本案移送县人民法院审理。县人民法院经开庭审理,判处胡同峰有期徒刑15年,并处罚金50万元(其他人亦受到相应刑罚处罚)。胡同峰不服一审判决提起上诉;二审法院裁定驳回上诉,维持原判。

【争论要点】

1. 胡同峰等伪造证据向法院提起行政诉讼,通过法院判决非法侵占他人资产的行为能否成立诈骗罪。

2 胡同峰在获得同建公司的股权后,通过其控制的人员进行多次转让,以阻碍惠能公司顺利追回股权的行为,能否推定其非法占有的目的。

【代理思路】

本案属于典型的诉讼三角诈骗,能否成立诈骗罪,在司法实践中存在很大的争议;特别是本案中的诉讼非常见的民事诉讼,而是行政诉讼,这更在本案的定性方面造成了一定的纷争。

为论证胡同峰成立诈骗罪,首先,我们详细分析了本案的发生、发展过程,以证实胡同峰等隐瞒真相、虚构事实的诉讼诈骗行为的真实存在,先定下一个“骗”的基础。

其次,我们结合民法上的善意取得制度理论及民事诉讼中关于善意取得的一些案例,立足本案证据已经足以证明的事实,得出胡同峰策划多次转让该公司股权的行为实际上均是在其本人控制的人员中进行,其目的和实际造成的客观结果,就是阻碍法院生效判决命令其将股权转回惠能公司(执行回转)的执行,据此佐证胡同峰非法占有他人财产的目的。

最后,我们收集了10个典型的诉讼诈骗案例,结合《刑法》第307条之一的规定以及通说的刑法理论，论证胡同峰的行为依法、依理均成立诈骗罪。

【代理词摘要】

胡同峰指使余升诚、朱飞、董果果、张志华 4 人，串通同建公司张利旭、史平利、李儒平等，采取伪造证词虚假诉讼的手段，通过法院、工商登记部门，侵占惠能公司在同建公司 84.64% 的股权，依法构成诈骗罪。

一、胡同峰等伪造证据向人民法院提起行政诉讼，非法侵占惠能公司的股权

同建煤矿原是当地资源最丰、效益最好的地方国营煤矿，其于 2004 年根据中央政策、当地政府的改制精神和方案进行改制。先由同建煤矿职工代表投资 100 万元成立同建公司，准备以此为壳来承接同建煤矿的所有应解决事项。然后，通过招商引入惠能公司。惠能公司向同建公司增加注资 1014.5 万元，向县财政局支付 6000 万元购买同建煤矿的采矿权(资源)并将该采矿权(资源)注入同建公司，从而成为同建公司的控股股东。在生产经营过程中，同建公司的股东和管理人之间发生了一些纠纷和矛盾，被胡同峰等看到了攫取暴利的机会。胡同峰在与黎某、王平等套取巨额资金的图谋下，介入同建公司股东和管理人之间的纠纷。胡同峰组织余升诚、朱飞等，在王平(时任县人民检察院检察长)等的支持和包庇下，蛊惑、煽动一些不明真相的职工反对惠能公司的管理；并收买、勾结同建公司中因改制而失去特权的原公司领导张利旭、史平利、李儒平等，在 2010 年 12 月 31 日趁人不备，突然抢占同建公司的办公场所，将惠能公司管理人员暴力驱逐。之后，胡同峰利用王平的职权和地位，指使张利旭、史平利、李儒平等伪造证据、编造证言，以惠能公司入股同建公司没有得到同建公司原股东的同意为由，于 2011 年 3 月 9 日向县人民法院提起撤销惠能公司股权的行政诉讼。在王平等的运作下，县人民法院在 2011 年 3 月 12 日受理该案，2011 年 3 月 16 日开庭，2011 年 3 月 17 日作出撤销惠能公司股权登记的判决——从立案到判决仅用了 6 天时间！而且，法院在审理中没有通知同建公司最大的控股股东惠能公司，判决也未送达惠能公司——惠能公司的股权在其毫不知情的情况下被胡同峰等通过虚假诉讼非法侵占。

胡同峰依据法院生效的行政判决，通过工商登记机关占有惠能公司股权后，分给张利旭、史平利、李儒平等赃款 500 万元，将他们逐出了同建公司；剩余的所有权益挂在朱飞、董果果、孙月丽等的名下，实际归胡同峰个人所掌控。

惠能公司的股权被胡同峰等恶意侵占后，惠能公司从 2011 年起直到 2018 年止，经过 10 年的艰苦维权，最终 2018 年最高人民法院(2018)最高法民申 1305 号民事裁定书确认了惠能公司在同建公司的股权，并确认了胡同峰等的违法行为："惠能公司对同建公司持有 84.64% 的股权；张利旭、史平利、李儒平等 5 位原股东不能恢复其原有的股权状况和对公司的管理权；在无惠能公司参加的情况下，变更同建公司的注册资本等行为属违法行为。"同时河南省高级人民法院(2014)豫法行提字第 00005 号行政判决书亦撤销了之前胡同峰、张利旭等采取欺骗、违法手段提起的所有行政诉讼的判决，肯定了惠能公司对同建公司 84.64% 的股权，实际上确认了胡同峰等通过虚假诉讼非法占有惠能公司股权行为之非法性。

二、胡同峰恶意制造"善意取得"，拟永久非法占有惠能公司资产

胡同峰等为逃避司法机关对之前错误判决的执行回转，指使余升诚、朱飞、孙月丽等，先是将同建公司的上亿元资产低价评估为 2300 万元并投入其控股的同建实业有限公司中，占同建实业有限公司 23% 的股份；然后，又将该 23% 股份以原价转让给其代理人郭晓元(胡同峰的岳父)，制造"善意取得"的假象，意图继续、永久占有惠能公司的股权，导致县人民法院至今都无法对惠能公司股权进行执行回转。

三、胡同峰的行为成立诈骗罪，应从重处罚

胡同峰的上述行为属通过捏造的事实提起行政诉讼，妨害司法秩序并严重侵害他人合法权益的虚假诉讼行为。鉴于《刑法》第 307 条规定的虚假诉讼罪要求行为人"提起民事诉讼"，根据罪刑法定原则，胡同峰的行为并不成立虚假诉讼罪。但其"通过行政诉讼非法占有他人财产"的行为，完全符合诉讼三角诈骗的本质特征。妨害行政诉讼的行为与妨害民事诉讼的行为具有妨害司法秩序的同质性和相同的社会危害性。而且，《行政诉讼法》明文规定，除非行政诉讼法有特别的规定，一般的行政诉讼程序参照民事诉讼程序进行。故而，本案可以也理应参照《刑法》第 307 条第 3 款"有第一款行为，非法占有他人财产或者逃避合法债务，又构成其他犯罪的，依照处罚较重的规定定罪从重处罚"之规定，以诈骗罪定罪处罚。

二、妨害社会管理秩序犯罪类

【题记】

妨害社会管理秩序犯罪成立的基本要求:(1)行为人认识到自己的行为会妨害社会管理秩序——明知;(2)行为人希望或放任妨害社会管理秩序的后果——故意;(3)行为造成社会管理秩序紊乱——危害;(4)行为与危害后果之间存在直接因果关系。

14 廖敏等聚众扰乱社会秩序案

——公司股东为行使股权权利，聚集众人在公司内与实际管理人发生冲突，导致公司正常工作无法进行的，成立聚众扰乱社会秩序罪

【案情简介】

2017年4月7日，在我国香港特别行政区注册成立的中国天安豪瑞公司（以下简称豪瑞公司）在北京召开新闻发布会，声明要采取措施收回其在山东境内打包购买的全资子公司安瑞公司的管理权。因安瑞公司的管理层人员之间存有巨大矛盾，其中以毕生成为首的管理人员实际控制着安瑞公司的生产、经营、财务工作，其对母公司豪瑞公司的指示亦不予服从和认可，导致豪瑞公司长时间不能对安瑞公司行使股东权利。

2017年4月8日凌晨4时，600余名与豪瑞公司签约的职工，在豪瑞公司董事长廖敏、豪瑞公司董事长秘书范百良、安瑞公司董事长朱占平、安瑞公司总经理朱平山、安瑞公司副董事长赵新新的带领下，强行进入安瑞公司总部院内，然后将安瑞公司大门锁住，禁止一切人员进出公司。廖敏等与占据办公楼的毕生成等发生争吵，后因支持双方的职工代表不能控制情绪，发生推搡、辱骂、用石块对掷的行为，造成数名职工轻微伤害。

当地公安机关接到相关人员报警后，出动数千干警，强行进入安瑞公司院内，将豪瑞公司带来的人员驱散，并抓捕了5名带头人；同时让毕生成等继续占据办公楼，继续管理该公司的经营业务。该群体性事件在2017年4月8日7时许被公安机关有效控制，一切恢复该事件发生前的正常状态。

【追诉经过】

公安机关以上述5人涉嫌聚众扰乱社会秩序罪刑事立案，并对5人采取刑

事强制措施，侦查终结后以该5人涉嫌该罪移送至某区人民检察院审查起诉；某区人民检察院以上述5人成立该罪移送至某区人民法院审理。一审法院判决上述5人成立聚众扰乱社会秩序罪，分别判处6个月至2年有期徒刑。上述5名被告人均未上诉，检察机关没有抗诉；一审判决发生法律效力。

【争论要点】

1. 安瑞公司大门内发生的两派工人之间的纠纷和争斗，是否属于社会管理秩序的范围。

2. 豪瑞公司的员工进入其全资子公司院内的行为是否合法。

3. 毕生成等安瑞公司的老职工阻止该公司的合法股东进入公司院内，不让合法股东从事安瑞公司日常业务管理的行为是否违法。

【辩护思路】

首先，笔者认为上述5人代表豪瑞公司，是豪瑞公司的正式员工，他们进入安瑞公司的行为系正当行使权利的合法行为，不应成立刑法上的犯罪行为。

其次，豪瑞公司的股东权利持续遭受侵害，作为投资该公司的股东甚至连自己的公司都进不去，更别谈行使管理职权了。豪瑞公司虽多次向相关政府部门反映，但均没有得到合理有效的回应。在此情形下，豪瑞公司有权采取自助行为，保护自己的合法权利不受继续侵害，这是反对毕生成等违法行为的正当、合法行为，不应判定为犯罪行为。

再次，笔者从本案客观事实出发，认为安瑞公司内部管理及场地等属公司内部的秩序空间，不属公开的社会秩序空间，从而否定公诉机关对5名被告指控罪名的侵害客体，进而否定指控罪名的成立。

最后，笔者认为，该5人系遵照豪瑞公司股东会、董事会的决议而作出行为，系执行命令的职务行为，因其不具有刑法理论上的期待可能性而应该阻却其承担刑事责任。

【辩词摘要】

廖敏等的行为不成立聚众扰乱社会秩序罪，理由如下：

一、安瑞公司内部的场所不属于公共场所,其内部的秩序不属于公共秩序

聚众扰乱社会秩序罪规定在《刑法》分则“妨害社会管理秩序罪”一章中的“扰乱公共秩序罪”一节,因此,本罪侵害的客体是社会管理秩序中的公共秩序。公共秩序首先是指公共场所的公共秩序,其存在的空间为公共场所。公共场所是指不特定的人在不特定的时间可以自由到达、停留的空间。如果是一家公司的内部场所,外人一般难以进入,该场所很难被认定为公共场所,特别是如本案情形:被告人由于是该公司的股东、职工这些特定的人,在公司院内这个特定的地点出现。故而,公司院内就不应认定为公共场所。

本案中以毕生成为代表的职工们非法占据着公司的办公楼和院子,以廖敏为代表的职工们则是合法进入并控制自己的办公楼和院子。廖敏等的行为是对公司内部管理秩序的恢复和维持,而不是破坏。而且,公司内部的秩序也明显不属于社会秩序,特别是在所有参加者均是该公司成员且发生的纠纷和争吵均是在该公司院内,更不能说是社会秩序。

二、廖敏等的行为属于合法的自助行为

本案的基本事实表明,安瑞公司系豪瑞公司的全资子公司。根据法律规定,虽然豪瑞公司不能违反法律规定,为自己或自己关联公司或利害关系人的利益随意干涉安瑞公司的正常商业经营事务,但安瑞公司的发展方针、具体经营方略、高级管理人员的聘用及工资待遇的确定、大额业务交易的进行等事宜,都应该报经豪瑞公司最终决定,因为豪瑞公司是安瑞公司的唯一股东,其意见就是股东会的意见。

而在本案中,毕生成带领的一帮职工,强行赶走了豪瑞公司依法委派到安瑞公司履行管理职责的董事长、总经理等管理人员,并强行占据安瑞公司的办公楼,强行夺取安瑞公司的几乎全部印章、文书等办公用品,导致豪瑞公司无法行使其作为安瑞公司唯一股东的任何权利。豪瑞公司再次派到安瑞公司的管理人员也被毕生成等拒于公司门外。豪瑞公司多次向当地政府反映,但当地政府均以属于企业的内部纠纷为由,不予作出具体处理,仅仅是建议双方协商解决。

豪瑞公司万般无奈之下,被迫采取自救措施,带着自己的管理人员,强行进入安瑞公司院内,拟接管该公司。该种行为实际上是民法上的合法自助行为,是制止他人对自己的不法侵害,保护自己权利的合法行为,不应被视作犯罪行为。

三、廖敏等的行为属于履行豪瑞公司职责的行为，属单位行为

在该次纠纷事件发生之前，豪瑞公司曾多次向当地政府反映毕生成等的违法行为，但政府并未作出妥善处理，反而放任毕生成等继续进行违法行为。豪瑞公司无奈之下，依法在我国香港特别行政区召开了豪瑞公司的股东会和董事会，研究决定由其在内地的大股东负责为豪瑞公司招聘职工，拟安排豪瑞公司的领导以及其股东会、董事会决定指派到安瑞公司的管理人员，带领这些职工，直接到安瑞公司行使合法的股权权利。廖敏等的行为是按照豪瑞公司的决定，以豪瑞公司的名义，为豪瑞公司的利益，履行自己的正常职务行为。由该履行职务的行为所引发的法律责任应归属该公司承担，至少应首先归该公司承担，然后再分析、论证具体的行为人是否承担连带责任。

刑法规定的单位犯罪，是先处罚单位，然后再处罚单位的具体责任人，即刑法规定的单位犯罪是以单位成立犯罪为前提的，然后才能追究单位中具体责任人的刑事责任，若单位犯罪不成立，则单位中具体责任人也应不成立犯罪。

本案中，法律并未规定聚众扰乱社会秩序罪可以由单位构成，也未明确单位组织的聚众扰乱社会秩序行为，可以直接追究单位直接责任人的刑事责任，因此不宜对本案中廖敏等直接以自然人犯罪处理。

四、依据刑法理论上的期待可能性理论，廖敏等的行为不宜承担刑事责任

廖敏等属于豪瑞公司的职工，当豪瑞公司经研究决定让他们带领职工去接管自己投资设立的全资子公司时，他们没有任何理由拒绝。任何人都没有任何理由要求他们冒着被公司开除的风险和后果，不去执行公司的决定；他们当时也没有其他的合理的行为选择——这是典型的期待可能性理论。对缺乏期待可能性的行为，依学理的通说，行为人无须承担刑事责任。

五、廖敏等主观上并无扰乱社会秩序的故意

廖敏等一直认为，豪瑞公司是安瑞公司的唯一股东，其有权行使其作为股东的权利，有权进入安瑞公司——客观事实亦是如此。廖敏等认为他们进入安瑞公司的行为是合法、合情、合理的行为。

另外，廖敏等也绝不会想到甚至根本意识不到，他们关起门来在“自己家”（安瑞公司）行使“主人”权利的行为会扰乱了社会秩序。

故而，廖敏等明显不具备聚众扰乱社会秩序罪的主观方面要件，不应成立聚众扰乱社会秩序罪。

15 王俊民(网络)寻衅滋事案

——确信自己掌握并在网络上发布的是真实信息,且该信息被事后的客观事实给予印证的,不成立寻衅滋事罪

【案情简介】

王俊民系河南乔斯星信息技术有限公司(以下简称乔斯星公司)的业务员,多年来一直代理该公司的投标业务。在涉案招标事项发生前不久,王俊民通过朋友得知河南大学第一附属医院(以下简称河大一附院)的“安全等级保护项目工程”准备招标,就在该招标事项还没有在网上招标平台公布前,找到该院负责招标事项的信息科长赵某询问,赵某明确告知他:该项目已经内定为郑州大诚成公司了,让他等以后有其他项目时再说。不久,王俊民再次得知河大一附院的手术麻醉管理系统(涉案招标项目)拟准备招标,就在 2019 年 11 月 19 日找到了赵某,向他了解该招标事项,想请他帮忙。赵某告诉王俊民:领导已经交代过了,该项目内定为麦通行中医疗科技有限公司(以下简称麦公司)中标。2019 年 11 月 21 日,河大一附院麻醉管理系统的招标信息在招标平台公布,王俊民将网上公示的招标文件向懂行的、有专业技能的生产厂家的业务员咨询,请教自己能否以乔斯星公司的名义来投标。该业务员看过公示招标文件的评分标准之后,直接告知王俊民:“这明显是为麦公司量身打造的中标标准,其他公司不可能中标。因为评分标准中有一项标准在全国只有麦公司一家独有。”

王俊民对河大一附院领导出尔反尔、内部定标的做法非常生气,就在互联网网站上发布诸如“河大一附院招标内定”“希望相关部门关注,严防腐败问题”“招标内定”等信息,河大一附院报案。

【追诉经过】

王俊民被开封市某公安分局以寻衅滋事罪立案并采取刑事拘留措施。笔者

介入本案后，经多次与公安机关沟通案件情况后，公安机关对王俊民变更强制措施为取保候审；侦查终结后，公安机关依法撤销对王俊民的刑事立案。

【争论要点】

1. 王俊民确信自己掌握并在网上发布的信息是真实的信息，且客观的最终事实证明其发布的也确实是真实信息，其行为是否合法。

2. 王俊民是否成立寻衅滋事罪。

【辩护思路】

首先，由于本案涉及的内定招标投标信息，在王俊民被采取强制措施的第12天后就被证实是真实的，所以我们以此否定王俊民发布虚假信息的主观故意和客观行为。

其次，我们紧紧扣住王俊民对该招标投标内部信息的获取过程，证实本案涉及的招标投标确实存在内幕操纵的违法行为，佐证王俊民在网上发布相关信息的合法性、合情性。

最后，我们结合王俊民在网上发布相关信息的过程中，对自己发布的次数、评论的次数等的控制，证明王俊民不想将该事闹大，来否定王俊民无寻衅滋事的故意。且笔者全面评析了最高人民法院关于寻衅滋事、诽谤等刑事案件办理的相关司法解释，论证寻衅滋事行为成立犯罪的标准不宜照搬诽谤罪的标准，否定公安机关对王俊民刑事立案法律依据的正确性和准确性。

【辩词摘要】

根据王俊民给我们提供的若干书证以及陈述，我们认为王俊民的涉案行为依法不构成寻衅滋事罪，事实和理由如下：

一、王俊民缺乏寻衅滋事罪的犯罪故意，不符合该罪必须具备的主观构成要件

（一）王俊民的行为不但事出有因，而且不存在“编造虚假信息”，或者“明知是编造的虚假信息，在信息网络上散布”的故意；不符合寻衅滋事的前提要件“无事生非”或“借故生非”

王俊民作为乔斯星公司的业务员，多年来一直代理该公司合法的招标投标业务。乔斯星公司具有参与、履行类似本案中河大一附院招标项目的资质、条件和能力。

1. 王俊民是开封市人,在河大一附院附近住,与河大一附院的领导相当熟悉且自认为私人关系不错,特别是与该院负责招标事项的信息科长赵某,更是关系亲密。在涉案招标事项前不久(大约2019年11月中旬),王俊民通过河大一附院的朋友得知河大一附院的"安全等级保护项目工程"准备招标,就在该招标事项还没有在网上招标平台公布前,找到赵某询问。赵某明确告知他:该项目已经内定为郑州大诚成公司了,让他等以后有其他项目时再说。王俊民曾就该事去找过河大一附院院长张某某询问,虽然张某某矢口否认该招标项目已经内定,但不久之后网上招标平台发布的信息证实该项目的中标单位正是其从赵某处得知的"内定单位"郑州大诚成公司。

这使王俊民内心形成了河大一附院存在"招标内定"的初步观念!

2. 很快,王俊民就再次从朋友处得知河大一附院的手术麻醉管理系统(涉案招标项目)拟准备招标,就在2019年11月19日左右,找到手术室负责人咨询。手术室的负责人说他们科室不负责招标事项,是信息科长赵某负责,让王俊民去找赵某。王俊民去赵某的办公室找到了赵某,向他了解该招标事项,想请他帮忙。赵某告诉王俊民:领导已经交代过了,该项目内定为麦公司中标,让王俊民不要再想了;并打开其办公桌上电脑中的电子文档,让王俊民看相关招标内定为麦公司的信息。

这强化了王俊民内心中河大一附院存在"招标内定"的信念!

3. 王俊民从赵某办公室出来后,对河大一附院"招标内定"的情况有点生气。因为该麻醉管理系统项目的招标公告还没有对外公布(对外公布时间为2019年11月21日),就已经内定为麦公司了!为谨慎起见,王俊民仍然没有声张,想等该项目在招标平台公布后再进一步找懂行的专家确认一下是否真的属于"招标内定"。

2019年11月21日,河大一附院麻醉管理系统的招标信息在招标平台公布。王俊民将网上公示的招标文件向懂行的、有专业技能的生产厂家(北京大诚成公司)的业务员咨询,请教自己能否以乔斯星公司的名义来投标。北京大诚成公司的业务员看过公示招标文件的评分标准之后,直接告知王俊民,该标准明显是为麦公司量身打造的中标标准,其他公司不可能中标。因为评分标准中有一项标准(数据标准第一项)在全国只有麦公司一家独有,仅该项的5分,就基本敲定麦公司中标。同时,还有其他至少三项评分标准(数据标准第二项、第三项、质控平台标准等),除麦公司外的其他同行业公司一般也不具有。最关键的是,这几项评分标准基本上与招标产品的质量没有直接或主要的联系。

这使王俊民确信河大一附院真的是"招标内定"!

4. 王俊民对河大一附院相关部门及负责人明目张胆的"招标内定"之违法行为感到非常吃惊,并认为这样的违规违法"招标内定"侵犯了自己代理的公司以及其他所有同类行业公司公平竞争的合法权益,才决定在网上发布此"招标内定"信息,以期引起相关监督部门的关注,制止并预防这类违法违规的"招标内定"行为。王俊民的目的诚如其在网络上所言,是"希望相关部门关注,严防腐败问题",其目的是行使宪法赋予公民对国家机关或国家公务人员的监督权(《宪法》第41条的规定)。故而,王俊民并不是"无事生非"或"借故生非",而是在有合法、合理原因的前提下,依宪法行使自己的权利,不具有寻衅滋事的主观故意。

(二)王俊民将涉案信息的发布范围限制在"开封头条"上,且其本人仅在2天内发布了3次信息,没有"起哄闹事"的故意

1. 王俊民发布的信息局限在"开封头条"上,其目的是想引起河大一附院所在的开封市范围内的相关监察机关、督查部门的注意,以达到能"严防腐败问题"的目的。其限制发布或关注范围的目的和行为说明其不想故意借该事扩大影响,达到"起哄闹事"的目的和效果。

2. 王俊民在2019年11月25日上午发布涉案信息后,下午回应了一次;第二天又回应了一次,之后就再没关注过此事,没有再发布或回应过任何涉案信息。这进一步证实王俊民不想炒作此事,其明显不具有"起哄闹事"的主观故意。

(三)王俊民发布信息的目的是想让网友印证自己掌握的"招标内定"信息是真实的,并无恶意破坏招标投标秩序的故意

1. 王俊民发布"麦公司内定中标"信息时,该招标信息刚在招标平台上公示(2019年11月21日),依据招标法以及相关法律的规定,王俊民若不通过赵某的口中,或通过专业人员的分析结论,根本不可能知道有多少家公司、哪些公司参加竞标。不管怎么说,王俊民事先一定是通过某些渠道得知麦公司参与竞标并将最终中标的信息。王俊民发布"招标内定"信息的目的一是告诉网友他已经从不正常的渠道得知麦公司内定的信息;二是让网友拭目以待,一起来印证自己得

到的麦公司内定信息的真实性，以证实自己发布的"腐败问题"真实存在。很显然，王俊民并无恶意破坏招标秩序或网络秩序的目的和故意。

2. 依据我国刑法、相关司法解释的规定以及通行的刑法学理论，寻衅滋事罪属于故意犯罪是一个不争的事实——缺乏犯罪故意不成立该罪，具有犯罪过失的主观心态亦不成该罪。

如上所述足可证实，王俊民并不具有寻衅滋事罪的犯罪故意，不能构成该罪。退一步说，即使最终认定王俊民误信别人传来的是"虚假信息"而在网络上发布，其主观上亦属于过失心态，也不应构成寻衅滋事的故意犯罪。

（四）王俊民没有"编造虚假信息"，或者"明知是编造的虚假信息，在信息网络上散布"的故意

1. 本案中一个无可争议的事实是：王俊民一定是从某些渠道获知"麦公司中标的内定信息"，这绝不可能是其凭空臆想、编造的信息。那么，王俊民是从何处得知内定信息的？我们要么相信王俊民符合常理、常识、常情的如上陈述，要么侦查机关能提出确凿证据证实王俊民从另外的其他渠道获取该"招标内定"信息——这是侦查机关的职责和义务。但不管王俊民从何处得知、如何得知该"招标内定"信息，王俊民都不具有"编造虚假信息，或者明知是编造的虚假信息，在信息网络上散布"的故意。

2. 涉案招标已经在 2019 年 12 月 31 日在招标平台公布结果，最终也确如王俊民在开标前 1 个多月所述——麦公司真的中标了！这在客观上也为王俊民和其他专业人士相信其发布的涉案信息是真的信息做了更好、更完善、更确凿的证实。

二、王俊民没有实施寻衅滋事罪的客观犯罪行为，不符合该罪必须具备的客观构成要件

（一）王俊民没有"编造虚假信息"的行为，亦没有"明知是编造的虚假信息，在信息网络上散布"的行为

王俊民在网络上发布的涉案信息是其在合理根据、充足事实的基础上，经多次推敲、印证而被其认为是真实可靠的信息；而且该信息最终经网络招标平台公布的招标结果印证是真实的信息。故而，王俊民的行为不符合寻衅滋事罪的客观行为要件要求。

(二)王俊民客观上限定了信息发布的特定范围,限定了信息发布的次数和期间

王俊民将涉案信息发布在"开封头条"上,客观上限定了涉案信息影响的范围,且在连续的2天内只在网络上发布或回应过3次的克制行为,客观上限定了发布信息的影响范围和程度。故而,王俊民的行为不属于寻衅滋事罪中规定的"起哄闹事"之行为要件。

(三)王俊民的行为在客观上没有"造成公共秩序严重混乱"

根据相关司法解释,利用网络散布虚假信息的寻衅滋事罪的成立须具备"造成公共秩序严重混乱"的要件;而本案中散布的信息并没有造成任何公共秩序的混乱,更别说"严重混乱"了。

首先,根据相关司法解释以及常理常识,"公共秩序"明显应属于物理空间场所的秩序,本案不存在公共秩序的混乱——招标正常合法、如期、合程序进行。其次,本案没有造成任何单位或个人利益实际受损——麦公司正常中标,河大一附院"如愿"达到招标目的。最后,即使"公共秩序"包括网络空间秩序,本案中王俊民散布涉案信息的行为也没有造成任何网络空间秩序的混乱。

三、本案不能以"点击次数"作为认定王俊民的行为是否构成寻衅滋事罪的标准

2013年《最高人民法院、最高人民检察院关于办理利用信息网络实施诽谤等刑事案件适用法律若干问题的解释》中,对"点击次数"数量的标准针对的是诽谤罪中的"网络诽谤",而不适用于寻衅滋事罪。若将"点击次数"数量作为寻衅滋事的认罪标准,特别是作为情节严重的认定标准,就属于现代刑事法治所明确禁止的"类推适用"——这明显与我国的法律规定和法治进程相悖。

四、辩护人的若干建议

根据我们了解的事实,为正确判定王俊民是否成立寻衅滋事罪,我们希望:

1. 贵机关应依法查清:河大一附院中,是谁向王俊民泄露了该"招标内定"的信息。

2. 贵机关应依法委托专业机关或专业人员作出权威鉴定意见:根据公示的招标文件是否能推出"麦公司内定招标"的信息。

3. 贵机关应依法调取:"麦公司是否已经中标"的书面证据。

综合以上事实和理由,我们认为王俊民不成立寻衅滋事罪。我们恳请贵机关能依法依职侦办本案,在查清事实的基础上依法撤销本案的刑事立案,还王俊民一个公道。

16 孙新飞等寻衅滋事案

——以明知虚假的事实为借口，帮助委托人围堵、恐吓他人，造成他人身体伤害的，成立寻衅滋事罪

【案情简介】

袁胜亿以郝姜的名义，全额出资购买了河南风驰煤矿，并委托郝姜代其全权管理该煤矿的生产、原煤销售等相关事宜。煤矿的所有管理人员及大多数员工均知道该煤矿的实际老板是袁胜亿，当地社会上从事煤矿生产经营和购销煤炭的经商者亦知道该事实。后袁胜亿发觉郝姜利用管理煤矿的职务便利，伙同煤矿的部分管理人员和社会上一些从事煤炭购销的人员，大肆侵占该煤矿的资产，就到该煤矿召开中层以上管理人员参加的会议，免去了郝姜在该煤矿的所有职务，将其逐出了煤矿。郝姜为报复袁胜亿，曾多次带人到该煤矿闹事。

2021 年初，郝姜伙同与袁胜亿存在矛盾的孙新飞[因煤矿资源整合的缘故，孙新飞所在的国有煤业集团公司(以下简称煤业集团公司)名义上为河南风驰煤矿的大股东和管理主体]，一起找到社会上的无业游民蔡军亭，对蔡军亭说河南风驰煤矿是自己的矿，现在被袁胜亿非法抢占了，承诺向蔡军亭支付 100 万元的费用，让蔡军亭找人将该煤矿夺回来。蔡军亭明知该煤矿的实际所有人是袁胜亿，但在拿到郝姜交付给他的该矿矿主为郝姜的工商登记文书复印件后，就同意了郝姜的请托。

2021 年 1 月 4 日上午，蔡军亭带着 100 多名社会上的无业青年，开着 20 余辆汽车，赶到河南风驰煤矿门口，先是堵住煤矿大门不让人进出，接着就指挥众人强行闯入该煤矿院内。在袁胜亿等报警后，当地派出所的警察赶到现场。蔡军亭指使其手下在警察在场的情况下殴打护矿的工人，导致数名护矿工人受伤，其中一名护矿工人伤情经司法鉴定为轻伤偏重。

身为该辖区派出所副所长的王志红与郝姜等勾结，放任蔡军亭带领的人员

进入河南风驰煤矿院内,没有采取有效措施制止事件的进一步恶化。

【追诉经过】

某县公安机关接受上级公安机关的指定管辖决定,以孙新飞、郝姜、蔡军亭、王志红涉嫌寻衅滋事罪对四人刑事立案;侦查终结后,以上述四人涉嫌寻衅滋事罪的共同犯罪移交县人民检察院审查起诉。县人民检察院将本案以寻衅滋事罪移交县人民法院审理。一审法院以寻衅滋事罪对四名被告进行定罪,其中王志红被判处有期徒刑 1 年 6 个月,孙新飞被判处有期徒刑 2 年,郝姜被判处有期徒刑 3 年,蔡军亭被判处有期徒刑 4 年。四名被告不服一审判决提起上诉;二审法院裁定驳回上诉,维持原判。

【争论要点】

1. 蔡军亭是否成立寻衅滋事罪。
2. 孙新飞、郝姜是否与蔡军亭成立寻衅滋事罪的共同犯罪。
3. 王志红是否成立不作为的寻衅滋事罪。

【代理思路】

首先,蔡军亭在明知该煤矿实际所有人是袁胜亿,且被公安干警当场告知该煤矿的实际所有人是袁胜亿,并命令其带领众人撤离该煤矿的情形下,仍不撤离并殴打护矿工人,其行为明显属于《刑法》及相关司法解释中规定的“借故生非”,成立寻衅滋事罪。

其次,蔡军亭在治安警察在场的情形下,仍然指使他人殴打护矿工人,构成刑法及相关司法解释关于寻衅滋事罪中要威风、逞霸道的行为特征,而且事实上又致多名护矿工人受伤,其中一人构成轻伤,属于情节恶劣的寻衅滋事行为。

最后,我们认为,郝姜基于报复袁胜亿的目的,教唆、指使蔡军亭带领多人到他人煤矿上闹事,与蔡军亭成立寻衅滋事罪的共同犯罪。孙新飞基于与袁胜亿的矛盾,又收取了郝姜的贿赂,滥用职权,为郝姜和蔡军亭的寻衅滋事行为提供帮助,成立寻衅滋事罪的共同犯罪。王志红身为负有制止犯罪行为职责的公安干警,与郝姜等事先勾结,对蔡军亭的寻衅滋事行为放任不管,成立寻衅滋事罪的共同犯罪。

【代理词摘要】

一、蔡军亭成立寻衅滋事罪

与袁胜亿、驻矿职工、煤业集团公司没有任何瓜葛、素不相识的无业游民蔡军亭召集无业青年100余人(其中骨干人员包括但不限于至少2名刑满释放分子),在光天化日之下,开着20多台车辆,统一着装,持着大砍刀等殴斗器械,浩浩荡荡、耀武扬威、明目张胆地抢占河南风驰煤矿。蔡军亭让人用准备好的钢剪绞断了大门上的铁锁,毁坏入口处的升降杆,带人冲入河南风驰煤矿院内,大肆辱骂、推搡、殴打河南风驰煤矿的保安及驻矿职工,强行霸占河南风驰煤矿。

甚至在派出所接到报案赶到现场制止蔡军亭等的违法行为时,蔡军亭等竟然当着人民警察的面,故意指使手下殴打、辱骂驻矿职工,其耍威风、逞霸道的心理和行为是本案存在的一个不争的事实。

二、郝姜雇用蔡军亭带人到煤矿闹事的行为成立寻衅滋事罪的共犯

郝姜离开河南风驰煤矿后,利用其“地头蛇”(河南风驰煤矿就在郝姜村庄地域内)的淫威,通过行贿等手段诱使集团公司的孙新飞等相关管理人员,共谋用各种手段和方法干扰河南风驰煤矿的正常运营。

蔡军亭与袁胜亿素不相识,没有任何矛盾和过节,如果不是郝姜的雇用和教唆,其不会带领100余名无业青年,故意耀武扬威地到他人煤矿闹事。因此,郝姜是蔡军亭寻衅滋事犯罪的教唆者,且在共同犯罪中起主要作用。

三、孙新飞的行为成立寻衅滋事罪的共同犯罪

河南风驰煤矿是煤业集团公司持股51%的国有控股企业(袁胜亿持股49%),孙新飞是煤业集团公司派驻河南风驰煤矿的代表。河南风驰煤矿在袁胜亿和驻矿职工的努力下、在集团公司的支持和关怀下,近年来一直保持着正常的运营状况。

2021年1月4日上午,当蔡军亭带人到该煤矿闹事时,收受贿赂后的孙新飞先是滥用职权,让河南风驰煤矿保卫处人员将大门打开,配合蔡军亭及其带领的100多名无业青年进入河南风驰煤矿,放任他们驱逐、辱骂阻止他们违法行为的驻矿职工。在接到报警的治安民警到达现场后,孙新飞竟然欺骗民警说:“这些人是集团公司派来接收河南风驰煤矿的,在集团公司已经备案。”

袁胜亿当场与煤业集团公司的董事长通过电话核实相关情况,董事长表示不知道此事。煤业集团公司董事长当场给孙新飞打电话，责令其立即清走进入矿区的人员。孙新飞接到董事长的电话后故意躲避起来，拒绝与公安机关配合清理侵入该煤矿的蔡军亭等，纵容蔡军亭等的寻衅滋事行为继续实施。

四、王志红成立寻衅滋事罪的共犯

河南风驰煤矿职工报警后，已经收受贿赂并与蔡军亭、孙新飞共谋夺矿的时任乡派出所副所长王志红（其祖坟是郝姜找人并出资修建的）滥用职权，先是迟迟不出警，后在袁胜亿等多次报警并催促下才出警，但是在处理现场却多般推诿。

其实，早在3年前（2018年）就发生过同样的事情，该乡派出所当时就已经作出了驱离犯罪分子的决定，时任派出所副所长的王志红对该煤矿属于袁胜亿的事实知道得清清楚楚。而这次王志红不仅没有及时驱离这些犯罪分子，反而同意他们全部留在矿上。王志红的做法，明显违反了公安机关的相关处置规定，严重侵害了河南风驰煤矿正常的经营管理秩序。正是王志红的违法处置行为，才导致该事件的进一步恶化和升级。引发山东“于欢案”一死一伤的严重后果的因素之一，就是民警未能及时驱离违法人员、阻止违法行为，血的教训仍历历在目，但王志红再次重蹈覆辙！

王志红甚至在知悉集团公司的官方意见是“不允许他人进入河南风驰煤矿”的情况下，仍放任蔡军亭等在河南风驰煤矿院内集结、辱骂河南风驰煤矿的职工，最终导致蔡军亭等变本加厉，疯狂殴打袁胜亿及其他驻矿职工，导致数名驻矿职工受伤，有职工左腿当场被打骨折。

众多驻矿职工被打伤后，王志红带领的民警不但不当场处理打人者，反而将被打伤的护矿职工和蔡军亭等一起带到派出所进行询问。其间，被打伤的护矿职工因忍不住疼痛，多次向王志红等提出将其送医院治疗的请求，但王志红却漠然置之，直到第二天凌晨2时许，王志红等才将伤者送往医院治疗（伤者在医院被诊断为左腿骨折）。

综上，蔡军亭、郝姜、孙新飞、王志红等的行为严重侵害了被害人的人身安全，给被害人造成无法承受的痛苦和恐惧，严重侵害了河南风驰煤矿的合法权益，给安定的生产运营秩序造成极大的、不可弥补的损害，依法应当接受法律的严惩。

17 张某国律师虚假诉讼案

——代理律师对当事人提供的证据有疑问但不能确定其真实性，将该证据向法庭提供并承诺其真实性的行为，不属“捏造事实”，不成立虚假诉讼罪的共犯

【案情简介】

张某国系河南某律师事务所执业律师，2018 年 9 月，其接受河南深啡有限公司（以下简称深啡公司）的委托，担任该公司与河南顺祥公司之间的借款纠纷案件的一审代理人。张某国接受委托后认真查阅、研究了该公司提供的证据材料，感到有些材料可能有虚假的嫌疑，而且公司相关配合人员的说辞亦有不符合常理的矛盾之处。张某国认为，如果没有这些存疑的材料、证据，该诉讼在审判中将很难得到法院的支持，自己的代理工作可能会无法顺利进行和完成，于是他就将这些存疑的证据在一审开庭中向法庭提供。当对方当事人对这些存疑的证据提出疑问，审判法官进一步对这些证据进行核实时，张某国当庭回应“所有证据经其核实，均是真实的”。

后法官在庭审后对相关证据进行了调查取证，认定这些证据属于伪造的证据，遂将该公司负责人和张某国以涉嫌虚假诉讼罪移交至公安机关。

【追诉经过】

公安机关对本案立案侦查，先以虚假诉讼罪对该公司法定代表人李子君采取刑事强制措施，之后又以该罪对张某国采取刑事强制措施；后报经县人民检察院将二人批准逮捕，侦查终结后将该案移送县人民检察院审查起诉。县人民检察院以二人成立虚假诉讼罪起诉至县人民法院。县人民法院开庭审理过程中，两次建议人民检察院补充侦查后，人民检察院撤回了对张某国的起诉。县人民法院最终以虚假诉讼罪判处该公司负责人李子君有期徒刑 1 年，并处罚金 2 万

元。李子君不服一审判决，提起上诉；二审法院裁定驳回上诉，维持原判。

【争论要点】

1. 张某国将当事人提供的、经过其核实认为可能存在虚假的证据，向人民法院提供；且在回答审判人员的问询时，保证该证据真实性的行为，是否属于以捏造的事实提起民事诉讼。

2. 虚假诉讼罪中"捏造的事实提起民事诉讼"之规定，是否意味着本罪的犯罪主观方面只能由直接故意构成。

【辩护思路】

首先，我们详细分析了张某国的涉案行为，论证了其将当事人提供的虚假证据提交给法庭时，无法也不可能准确判定该证据的内容是否属于"捏造的事实"，故张某国对该虚假诉讼行为具有的是放任的故意而非直接的故意。其行为性质不符合《刑法》第 307 条之一"以捏造的事实提起民事诉讼"的规定，不成立虚假诉讼罪。

其次，在民事诉讼中，代理律师依法根据当事人的授权、指令从事法律事务，其只需对当事人提供的证据之形式合法性进行审查和把握，至于证据的实质真实性，代理律师并没有审查的义务和权利。故而，张某国将当事人提供的证据向法庭提供，属于正当履行职责的行为，不属犯罪行为。

最后，我们基于民事代理中当事人与律师的信任关系、主体利益一致原理，论证本案中张某国的行为不宜当作犯罪行为来处理。否则，可能出现当事人与律师利益冲突的尴尬局面，违背律师代理制度的设立初衷。

【辩词摘要】

一、张某国的行为不符合虚假诉讼罪的基本要件，不成立虚假诉讼罪

虚假诉讼罪的成立，要求"以捏造的事实提起民事诉讼"，进而妨害司法秩序或者严重侵害他人合法权益的行为。既然是捏造的事实，则行为人对该事实的虚假性就应该是明知的、清晰的，否则就不存在捏造的问题。

本案中李子君是本诉讼事项发生的经手人，对案件的情况、涉嫌诉讼的事实一清二楚，却为了获得胜诉和额外的利益，而故意捏造了部分关键的虚假事实，其成立虚假诉讼罪是无疑的。但张某国作为代理本案的律师，对本案涉及的民事法律事实、法律行为的发生并未亲历,并不知悉;其仅是在接受委托后,通过查阅委托人提供的证据、委托方的陈述才了解了案件的一些情况。张某国对案件的掌握是建立在委托人以及委托人提供的资料之基础上的,其并没有实施捏造事实的行为,不符合虚假诉讼罪成立的基本要件。

二、张某国对向法院提交的证据是否真实,主观上处于放任的心态,而非虚假诉讼要求的直接故意

张某国在查看委托方提供的证据后,仅是对这些证据中某些资料的真实性存疑,但并不能肯定这些资料是否属于"捏造"。在此情况下,其又向委托方及李子君进行查问,得到的回答是"资料是真实的"之后,才代理委托方向法院提起了诉讼,即其对这些资料是否真实处于一种不确定的认知,不属于明知是虚假的情形。在此情况下,其拿着这些资料作为证据向法院提起诉讼,对虚假诉讼仅是持一种放任的态度,并不符合虚假诉讼必须是直接故意的情形。

三、张某国依法依理应该按照委托人的指示向法庭提供证据,对证据的真实性不具有实质审查的义务

张某国作为该公司的民事代理人,依法依理应该按照委托人的指示从事法律事务,而本案中张某国仅是对委托人提供的证据存疑而已,对这些证据是否虚假并不确定和明晰,依理依法应该遵从委托方的意见行使代理职权。

法律法规向来没有规定律师具有对自己一方当事人提供的证据审查是否真实的权利和义务,证据是否真实,需要司法机关依法认定。否则,当事人与律师之间委托关系存在的基石——信任关系就荡然无存了,这既不符合常理常识也不符合法理。

四、比照、参考《刑法》第306条第2款关于"伪造的证据"之规定,张某国的行为不宜认定为犯罪

《刑法》第306条第2款明确规定:辩护人、诉讼代理人提供、出示、引用的证人证言或者其他证据失实,不是有意伪造的,不属于伪造证据。虽然该规定针对的是刑事诉讼中,辩护人、诉讼代理人伪造、毁灭证据的问题,但在本案审判过程中仍然具有很大的参酌价值。捏造证据肯定属于无中生有的伪造证据,并且体现了行为人明知且参与、指使伪造的行为,即并不是仅知悉是伪造的证据,而且还要参与证据的伪造。

本案中,首先,张某国没有参与证据的伪造,不符合上述"伪造证据"之规定。其次,提供、出示、引用的证人证言或者其他证据失实中的"失实",说明当律师对证据的伪造仅是一种过失而没有发觉时,不成立本罪;只有在律师明知是伪造的证据,故意提供、出示、引用的行为才有成立本罪的可能。本案中张某国对当事人提供的证据仅是存疑,并不确知是捏造的,属于"失实"的情形,依法不构成犯罪。

五、张某国作为代理律师,当庭所言"证据真实"并不是其承担刑事责任的理由

本案庭审过程中,当对方当事人提出涉案证据是捏造的,并当庭控告张某国代理的深啡公司成立虚假诉讼罪时,审判长当庭对此问题进行了初步调查,询问张某国证据的真实性。由于张某国属于特别授权,具有代为承认、变更、放弃诉讼的职权,具有代为调解、和解的职权,故而法官没有给张某国向深啡公司再次核实证据真假的机会。张某国为了该民事诉讼的继续进行,只能当庭否认该证据的虚假性——若其不当庭否定证据的虚假性,就相当于当庭承认证据的虚假性了。故而,在这个问题上,张某国明显不具有否定证据真实性的期待可能性!我们不可能期望一个代理律师,在委托人没有明确同意的情况下,当庭承认自己当事人败诉或作出会引起自己当事人败诉的重要举措。

六、张某国没有实施妨害司法秩序的行为

开庭之后,张某国及时将开庭中涉及深啡公司证据真实性的问题告知李子君,并告诉李子君最好实事求是,不要捏造、伪造证据,否则会有很严重的结果,并仍然坚持自己会根据委托人李子君的最后决定来斟酌该案的进程。后李子君被张某国说服,在法院调查时,李子君对法院如实陈述了其伪造部分证据的违法事实,并主动要求将伪造的证据撤回,以保证本案能继续开庭审理,并最终由法院顺利作出了一审判决。一审判决后双方当事人均未上诉,判决发生法律效力,甚至直到现在,双方当事人中亦没有任何一方提出对该一审判决申请再审的要求。故而,张某国向法庭提供李子君捏造的证据的行为对司法秩序并未造成严重的妨碍,亦没有严重侵害他人合法权益,不宜按照虚假诉讼罪处理。

张某国作为代理律师,在逐步认识到当事人提供的证据中极大可能存在伪造成分时,就及时通知了当事人,并对其作出合理合法的法律规劝,这是导致当事人如实向司法机关承认自己伪造证据的关键因素。故而,张某国的行为属于协助司法机关侦查、调查、审理案件,而非妨害司法秩序。

18 史明掩饰、隐瞒犯罪所得收益案

——不可避免的法律认识错误，阻却故意犯罪的成立

【案情简介】

史明系河南省某高职院校的教师，从事电脑软件教学工作。史明在从事教学工作之余，应聘到本校教师陈建平所开办的一家电脑维修店打工。史明在工作过程中，发现陈建平经常在网上炒卖比特币和越南币等数字货币，就向陈建平询问。陈建平告诉史明，他也是刚刚从别的朋友那里知道这种买卖的，可以通过此买卖赚钱，但是需要先交 10 万元的保证金。他从事了 1 个月的买卖交易，包括保证金 10 万元和购买比特币或越南币的 10 万元投资成本，获利 3000 多元。史明问陈建平这种买卖是否合法、是否保险，陈建平告诉他买卖“合法也保险”。于是史明让陈建平把他也拉到从事比特币、越南币买卖的微信群里，然后在陈建平的帮助下，在网上注册了账户，缴纳了 10 万元保证金后，开始投资 5 万元进行比特币、越南币的买卖。

史明在从事该种交易 1 个半月后，突然发现自己在该网上账户绑定的银行卡被冻结了，就问陈建平是怎么回事。陈建平说他以前也遇到过这种情况，应该是被公安机关以涉嫌洗钱犯罪给冻结了；并告诉史明不用管，一般情况下停一段时间就会自动解冻。同时，陈建平告诉史明可以再办一张银行卡，继续进行该类买卖交易。后史明因新办的银行卡又被冻结，就终止了该类交易行为。史明通过上述买卖交易，总共获取利润 3200 元。

【追诉经过】

史明被某县公安机关以参与诈骗集团的诈骗犯罪为由，采取刑事拘留措施。在报经县检察机关批准逮捕时，县检察机关作出不予逮捕的决定。侦查机关依法对史明变更强制措施为取保候审，并在侦查终结后以史明涉嫌掩饰、隐瞒犯罪

所得收益罪移送县人民检察院审查起诉;县人民检察院以史明的犯罪行为情节轻微为由,对其作出不起诉决定。

【争论要点】

1. 史明客观上帮助诈骗犯罪分子洗钱的行为是否成立诈骗罪的共同犯罪。

2. 史明根据微信群群主的指使,出资在网上购买比特币、越南币,并按要求在指定的时间卖出的行为,是否成立掩饰、隐瞒犯罪所得收益罪。

【辩护思路】

首先,笔者根据卷宗证据及我们自行收集的证明史明个人情况、学历、阅历、社会关系等书证,论证史明对其涉案行为的法律认识和事实认识之错误均存在可宽宥、可原谅之处——史明没有认识到其行为是违法的,更没有认识到其行为是犯罪行为,从而从主观方面否定史明的犯罪故意。

其次,笔者通过对卷中侦查机关获取的全部材料的分析,发现并无相关证据证实史明与诈骗犯罪分子存在任何直接的意思联络、犯意沟通行为,亦无通过第三人与诈骗犯罪分子进行意思联络、犯意沟通的行为。故而,史明明显不成立诈骗罪的共犯。

最后,我们根据本案的实际情况,考虑到史明亲属,特别是其所在高校领导的意见,选择让步:假设史明的行为成立掩饰、隐瞒犯罪所得收益罪,但考虑到史明具有的诸多从轻处罚、从宽处罚的情节,建议检察院对其作出不起诉决定。

【辩词摘要】

一、史明没有诈骗他人的故意,没有诈骗他人的行为,与诈骗犯罪分子不成立共同犯罪

侦查机关向检察机关报送批捕及审查起诉的所有卷宗证据,均无证明史明与诈骗犯罪分子有意思联络、共同诈骗联络的行为,亦无证明史明与诈骗犯罪分子通过第三人进行过共同诈骗意思联络的行为,且本案中史明本人客观上亦未实施任何虚构事实、隐瞒真相的诈骗行为,故而史明的行为不成立诈骗罪。

侦查机关在破获某一特大诈骗犯罪集团时,将帮助诈骗犯罪分子掩饰、隐瞒赃款、赃物的行为人归入该犯罪集团内具有合理性和合法性;但不考虑案件的具体事实,将所有参与该诈骗犯罪集团的人均定性为诈骗犯罪共犯,则有所不妥。

在犯罪集团中,参与人只是对自己参与的犯罪行为负责,而不是对其他犯罪人(特别是首要分子)所实施的所有犯罪行为都负责,这是罪刑法定原则的必然要求,也是罪责自负原则的贯彻和落实。

二、对自己参与进行比特币、越南币的买卖行为,史明并没有认识到是在帮助犯罪分子掩饰、隐瞒犯罪所得收益

史明在与陈建平一起工作的过程中,从陈建平处得知可以通过买卖比特币、越南币来获取利润。史明首先向陈建平咨询该行为是否具有合法性和保险性,得到了陈建平肯定的答复,然后通过对该交易行为的分析,得出该交易行为应当属于正常的交易,不会违反法律规定,理由如下:

1. 这种交易行为没有通常情形下的不劳而获或攫取暴利,不符合犯罪的基本特征。

2. 史明在从事该买卖交易活动的 1 个多月内,仅获利了 3200 元;而其投入的成本却高达 15 万元——投入的成本和产出基本处于商业运营的正常幅度之内。

3. 史明开始从事涉案交易行为后,发现周围有许多朋友均在从事该种买卖,并且他们有的人从事该种买卖已经很长时间了。而且,史明对比特币、越南币等数字货币并不了解,其认为自己按照微信群中群主的指示,在网上公开买卖比特币、越南币的行为,不应属于违法行为。

综上,史明在从事涉案买卖交易行为时,并未预见到也不可能预见到这种行为会成立犯罪,更不存在所谓"明知是犯罪所得及其产生的收益"的情况。

三、史明的行为即使违法,也应符合《刑法》第 13 条但书的规定,可不认定为犯罪

卷中确实有相关证据证实史明对自己从事比特币、越南币买卖的行为成立犯罪具有认识的重大嫌疑。侦查机关认为,史明在得知自己的银行卡被公安机关冻结后,理应或应该明知自己的行为已然构成犯罪或涉嫌犯罪——依一个正常人的认识能力,如果自己的银行卡被公安机关冻结,就足以认识到自己涉嫌了犯罪,何况是对于高校教师的史明?但是,我们认为"理应"或"应该"均是猜测性的词语,与"明知"的词义有明显的区别,理应预见到或应该预见到与明知道是不能等同的,侦查机关的该种观点并不完全正确和合理。但基于该对史明不利的因素,我们对史明的行为亦作了补充性质的从轻辩护工作。

卷中史明、陈建平、王健英等的供述印证了以下5个事实：

1. 史明是在与其同事陈建平正常交往的过程中，受陈建平的蛊惑、教唆而参与了掩饰、隐瞒之犯罪活动，属于临时犯和偶犯，主观恶性较弱。

2. 史明发现其银行卡被冻结后，意识到其从事的可能是非法活动，非常害怕，就及时停止了违法犯罪活动。其犯罪行为持续的时间短，社会危害性不大。

3. 史明及时停止犯罪行为，其参与的犯罪数额仅为1.8万余元（是所有被告人中最少的），非法获利数额仅3200元左右（是所有被告人中最少的）。

4. 史明归案后，主动、如实、坦白交代其涉嫌犯罪的事实，认罪认罚；且主动、退出全部涉案赃款1.8万余元。

5. 检察机关鉴于史明的犯罪行为轻微、悔罪态度良好，考虑到其较小的社会危害性和人身危险性，已经对其作出不予逮捕的决定，侦查机关亦对其采取了非羁押性的强制措施（取保候审）。

基于上述事实，我们认为史明的行为符合《刑法》第13条但书规定的“情节显著轻微危害不大”之情形，可依法不认为是犯罪。

四、史明的行为即使认定为犯罪，也宜作出不起诉决定

基于本案的基本事实，即使认为史明的行为成立犯罪，也应考虑到史明属于初犯、偶犯、从犯，且主动终止犯罪，以及其身为高校教师，长期在高校工作而涉世不深、不知法不懂法，从而被骗实施涉案犯罪行为的特定情形。希望检察机关能认定其行为符合《刑事诉讼法》第177条“犯罪情节轻微，依照刑法规定不需要判处刑罚或者免除刑罚”的规定，对史明作出不起诉决定，以充分体现刑事政策宽严相济之精神，实现刑法罪责刑相适应之公正意旨。

19 何中立走私、贩卖、运输毒品案

——同案犯指证行为人参与共同犯罪的供述若存在无法排除的合理怀疑,依法不应作为认定行为人有罪的证据

【案情简介】

何中立与另案处理的走私、贩卖、运输毒品案的犯罪嫌疑人何位振、何东风等10余人,均为同村的群众,相互比较熟悉。该村有很多村民因家庭条件不好,铤而走险去从事毒品犯罪活动。

何中立家境不好,看到别人外出做生意都赚了大钱,就向别人打听,得知是到边境城市打工赚钱,当时没人告诉何中立打工指的是从事毒品犯罪行为。何中立与何位振到达边境城市昆明后,在宾馆房间内,才被告知是从事走私、贩卖、运输毒品活动,并被要求一起参与犯罪。何中立听说是从事毒品犯罪活动,非常害怕,就在第二天早上偷偷离开,独自一人跑回了河南郸城老家。

不久,何位振、何东风等因走私、贩卖、运输毒品罪被公安机关抓获,两人为了立功,举报何中立与他们一起从事过毒品犯罪。

【追诉经过】

公安机关以何中立涉嫌走私、贩卖、运输毒品罪刑事立案,并对之采取刑事强制措施;侦查终结后以何中立涉嫌该罪移送至市人民检察院审查起诉。市人民检察院以何中立成立该罪移送至市中级人民法院审理。市中级人民法院一审认定何中立成立走私、贩卖、运输毒品罪,判处其死刑,立即执行。何中立不服一审判决,向河南省高级人民法院提起上诉。河南省高级人民法院经开庭审理,判决驳回上诉,维持原判;并报最高人民法院复核其死刑立即执行。最高人民法院经审理后,认为本案的事实不清,证据不足,发回河南省高级人民法院重新审理。河南省高级人民法院经重新审理,判处何中立死刑,缓期2年执行。

【争论要点】

1. 现有证据是否能够证实何中立成立走私、贩卖、运输毒品罪；本案能否排除合理怀疑地认定何中立成立走私、贩卖、运输毒品罪。

2. 本案中指控何中立成立犯罪的证人证言是否存在指明问供、诱供的情节；该类证人证言是否能够采信。

3. 何中立是否属于必须立即执行死刑的被告人。

【辩护思路】

鉴于本案中侦查机关没有当场发现何中立伙同他人走私、贩卖、运输毒品的犯罪行为，没有查扣到任何涉案毒品，完全是依靠同案犯的口供来对何中立定罪量刑的特定情形，我们首先根据何中立的前后不一致的、模糊的供述，与其他所谓共同犯罪人的前后不一致的、模糊且相互之间矛盾百出的供述，来对公诉机关指控何中立成立犯罪的证据体系进行反驳，认为现有有罪证据难以达到法律要求的确凿标准，从而得出何中立依法不能定罪的结论。

其次，我们进一步收集、归纳、梳理案卷中证人证言中存在的大量“指明问供”的情节，对公诉机关举证证实何中立成立犯罪的证据的证明能力进行反驳，认为这些证据属于非法取得的证据，应依法给予排除，从而进一步强化我们的辩护观点。

最后，我们立足于本案存在的诸多事实的不清、诸多证据的不法，论证本案至少属于疑案；进而结合国家刑事政策精神，以及相关司法解释、意见，得出即使认定何中立成罪，也不应判处其死刑并立即执行的结论。

【辩词摘要】

一、现有证据依法不能证明何中立成立走私、贩卖、运输毒品罪

（一）何中立归案后的供述前后不一，其中无罪供述多于有罪供述且有罪供述有悖常理

1. 何中立在接受贵院原二审、本次办案人员的讯问时，以及在一审、原二审庭审中的供述，均否认自己实施过走私、贩卖、运输毒品犯罪行为，仅承认“参与”了第三起。但关于该第三起犯罪事实他一直供述：“去昆明时不知道是贩毒，去

后知道是贩毒时,就因害怕而跑回了河南郸城”,这实际上不属于参与犯罪,依法不成立犯罪。

2. 何中立在侦查机关的供述,除第一次、第二次供述自己有罪外,其余的所有讯问中均否认自己有罪。

何中立的第一次(2014 年 8 月 24 日)有罪供述,仅是其在被河北警方抓捕并“被告知”自己被抓的原因后,“承认”自己贩毒了,但是没有谈及任何的具体贩毒行为。何中立的第二次(2014 年 8 月 27 日)有罪供述,是在被押回周口市后作出的。但是该笔录是办案人员指明问供、诱导性问供而获得的,非何中立的真实意思体现。

3. 值得注意的是:卷中证据显示,何中立曾多次反映、举报当时的办案民警陈警官,说陈警官在徇私办案,诬告陷害他:何中立不识字(仅会写自己的名字而已),办案民警作了笔录也不给他读,就逼他签字,并威胁他。

(二)同案犯指证何中立的供述自相矛盾且不合常理常识

1. 何位振、何东风的大多数供述均是否定何中立参与、组织走私、贩卖、运输毒品罪。何位振虽然在侦查机关讯问之初曾经供述何中立组织贩毒,但是在后来的讯问中一直否认与何中立一起贩毒。而且,何位振在其另案处理的案件一审、二审中均当庭明确其中的第一起指控何中立参与贩毒的事实中何中立根本没有参与——组织者另有其人,并非何中立。而何东风基本上与何中立没有交集,更是不能指证何中立参与贩毒。

2. 谢兰友在侦查阶段和审判阶段一直没有指证何中立贩毒,而是在何中立被抓捕后,办案民警到监狱中找他询问时,才供述何中立参与了贩毒——这极不正常!据何中立说:他与谢兰友关系不错,谢兰友被关进监狱后,许多好友都去看望过他,但何中立没有去。故而,谢兰友曾经对别人说“何中立不敬他”——这是谢兰友突然改口指证何中立的理由。

3. 杨国营以前与何中立多次打过架,与何中立有矛盾。其在被抓时,为推卸责任,才指证何中立参与组织贩毒。而且,卷中诸多证据可以证实杨国营才是真正的“大老板”。

4. 牛永辉、牛海见、陆千里、卫金仓等与何中立要么根本不认识,要么不熟悉,对何中立是否参与贩毒根本就不知情,不能作为指证何中立犯罪的证人。而且,他们中有的已经被另案执行死刑,有的被另案判刑,其证言如果不经过本案庭审质证，依法是不具备证据效力的——至少证据效力不强。仅凭另案法院的判决书认定的一些事实来直接作为本案的证据，是不符合相关法律规定、法律原则的。

二、本案是可能判处死刑的案件，对何中立的讯问却没有一次录音录像

根据相关法律规定，对可能判处死刑的案件的被告人进行讯问时，必须录音录像。但本案中，侦查机关的全部讯问没有一次进行录音录像。以前的两次庭审中辩护律师曾多次提出此问题，但一直没有得到法庭的回应。侦查机关的这些违法违规行为，加大了本案冤枉何中立的可能性。

三、司法机关的诉讼文书证实本案事实不清

本案曾因事实不清，退回补充侦查，但补充侦查得到的证据均是证实何中立无罪的证据。这样的情形，依法、依理都不应该对何中立定罪。

而且，本次最高人民法院亦是认为本案“部分事实不清，证据不足”。依此，若没有新的、进一步证实何中立有罪的证据，依法应该宣告何中立无罪。

四、指控何中立参与贩毒的数量不确定、出资人不确定

案中证据显示，指控何中立参与犯罪的毒品数量均是来自另案或同案犯罪嫌疑人的供述，没有实物证据加以印证。以多变的、很久以前的同案被告人的口供来直接认定本案中的毒品数额，并不合乎法律的规定。

还有，在指控的贩毒行为中，谁是出资人，本案没有确凿的证据来加以证实，亦没有有力的证据来证实何中立是出资人。

五、辩护人的意见

综上所述，我们认为，本案的现有证据，仅能证实何中立有参与毒品犯罪的重大嫌疑，而不能排除合理怀疑地认定何中立参与毒品犯罪。根据相关法律的规定，本案明显属于“疑案疑罪”，恳请法庭根据“疑罪从无”的刑事法基本原则，依法判决何中立无罪。

20 庄卫峰等黑社会性质组织案

——以谋取非法利益为目的，以公司管理模式的方式组织、领导以暴力、威胁等其他手段的违法犯罪活动，严重破坏经济秩序和社会生活秩序的，成立组织、领导黑社会性质组织罪

【案情简介】

庄卫峰大学毕业后在北京工作期间，认识了原某省人民检察院副检察长黎某，在黎某的引荐下，回到老家三门峡市发展。庄卫峰通过黎某认识三门峡市当地政法系统的相关人员后，于2006年初在当地注册成立了一家商贸公司，招募十多名社会无业人员作为公司职员，并为该公司制定了严密的组织纪律和奖惩制度，要求公司员工严格遵从。之后，庄卫峰等多次借故介入他人的民事纠纷，以帮他人找领导疏通关系为由，收取他人钱财；指使其公司员工以滋扰、恐吓、殴打等方式，替向其支付费用的人摆平纠纷；直接强抢强占他人矿山，通过破坏性非法开采或转手倒卖的方法，攫取暴利。庄卫峰组织其公司员工多次实施敲诈勒索、寻衅滋事、强迫交易、诬告陷害、故意伤害、诈骗等违法犯罪活动，并因其政法系统的"保护伞"之庇护而一直"平安无事"，短短3年时间就成为当地出名的"黑白通吃的老大"。

2014年初，庄卫峰的行贿行为因黎某的贪腐行为败露被一并立案调查。庄卫峰被移交司法机关后，以行贿罪被判处有期徒刑3年。庄卫峰刑满释放后，不思悔改，反而纠集一帮社会闲散人员，一方面打击报复举报人，另一方面继续实施违法犯罪活动。

【追诉经过】

在数百名被害群众及多家被害企业的持续举报下，以及多名全国人大代表

的联名反映下，庄卫峰等被相关司法机关刑事立案，并被依法采取强制措施。后经过侦查、审查起诉、审判程序，庄卫峰最终被判处有期徒刑 25 年，并处没收全部财产；该犯罪集团的其他成员亦受到相应的刑罚处罚。

【争论要点】

1. 庄卫峰是否成立组织黑社会性质组织罪。
2. 庄卫峰是否成立寻衅滋事罪。
3. 庄卫峰是否成立强迫交易罪。
4. 庄卫峰是否成立诈骗罪。

【代理思路】

为有效向相关司法机关控告庄卫峰的违法犯罪行为，促使相关司法部门能依法对庄卫峰刑事立案，我们根据黑社会性质组织犯罪的基本特征，结合庄卫峰集团的违法事实，以先总述后分述的方式进行逐步、递进式论证：

首先，我们通过简述该犯罪集团的成立原因、成立条件、成立时间、固定办公地点、第一次以集团名义进行的犯罪活动等，来阐明该组织成立的过程和实施一系列犯罪的情状。

其次，按照先暴力犯罪后非暴力犯罪的类型化区分，逐次评析该黑社会性质组织犯罪的具体事实和情节，并附生效的人民检察院、人民法院法律文书等书证来加以有力佐证。

最后，综合归纳、评析该犯罪集团的全部犯罪事实和违法事实，得出该集团属于黑社会性质组织的结论。

【代理词摘要】

依法追究庄卫峰、王平等构成的黑社会性质组织实施的故意伤害，敲诈勒索，寻衅滋事，诬告陷害，强迫交易，诈骗，非法采矿，重大责任事故，不报、谎报安全事故，行贿，对非国家工作人员行贿，受贿等犯罪的刑事责任。

一、组织、领导黑社会性质组织罪

自 2005 年以来，庄卫峰利用在北京打工期间结识的原某省人民检察院副检察长黎某（已经因受贿罪被判处 13 年 6 个月有期徒刑）的影响力，通过金钱和色情贿赂(陈某某等数名女大学生)的手段与三门峡市某县人民检察院检察长王平(因受贿罪和巨额财产来源不明罪被判处 11 年有期徒刑)等勾结在一起,图谋利用所掌握的权力和控制的黑恶势力,强夺、骗取他人财产。第一,庄卫峰纠集了余升诚、张志华、董果果、朱飞、魏东平等一批社会游荡人员并以他们为骨干,再利用余升诚的名义成立某县顺业投资公司,作为其违法犯罪的平台和人员聚集地。第二,诈骗、勒索洛阳市深振冶金材料有限公司经理杜小江 2800 万元的资金,成立专门用于诈骗犯罪的河南旺世兴投资公司。第三,组织、策划、指挥上述公司人员,采取威逼、恐吓、殴打、诈骗、敲诈勒索等手段,在时任某县人民检察院检察长王平、某县人民法院行政庭庭长景某、某县公安局刑警队队长王阳及工作人员任某某、黎某某的支持和帮助下,霸占某县资源最大、效益最好的同建煤矿。第四,组织、强迫外地的务工人员采取破坏性的方式,非法盗采同建煤矿的煤和铝土矿资源。第五,采取将河南旺世兴投资公司变更为曹岭投资公司、同建实业有限公司等不断变更企业名称及股东的方式,买通、胁迫某县人民法院、某市中级人民法院等相关司法人员,将某县同建煤矿的资产全部转移至其控制的某县顺业投资公司,用于进一步的违法犯罪活动。

该犯罪集团在庄卫峰的组织、策划、指挥下:

1. 曾光天化日之下公然殴打抵触其违法行为的王银轩、王海朝、刘锋等致多人轻伤。公安机关刑事立案后虽抓捕了领头人魏东平,但很快就将其释放,至 2021 年 6 月没有结果,对犯罪的总指挥庄卫峰更是置之不理。

2. 曾勾结公安干警诬告陷害举报其犯罪行为的刘英范、宁中成,致他们蒙冤入狱。虽该二人已经被宣告无罪,但至 2021 年 6 月并未追究诬告陷害人庄卫峰、朱飞的刑事责任。

3. 曾秘密雇用、指使张志平、徐开来、柴桂珍、朱飞等网络上造谣污蔑不屈服其淫威的慧云公司和田丰集团。公安机关立案后虽将犯罪嫌疑人朱飞、张志平等抓捕,但很快就将其释放。

4. 曾明目张胆两次分别敲诈勒索田丰集团及其董事长宋黎某(全国人大代表)500 万元和 3 亿元巨额资金。公安机关立案后却久拖不办,至 2021 年 6 月没有对犯罪人庄卫峰进行刑事追究。

5. 曾非法采矿致陈福有、陈向前等多名农民工死亡,但仅处罚了替罪羊刘中河,主犯余升诚被网上追逃 6 年后不了了之,司法机关对其既不起诉也不撤案。

6. 曾强抢、霸占慧云公司的上亿元资产，已被最高人民法院、河南省高级人民法院生效判决确定违法；但至2021年6月仍然未得到纠错。

7. 曾诈骗、勒索杜小江2800万元资金，被最高人民检察院、公安部签批督办，但庄卫峰等仍安然无恙。

8. 曾因行贿、受贿受到最高人民检察院督导立案调查，在法院判决庄卫峰、王平等均犯数罪的情形下，两人却取保候审并逍遥法外。

9. 庄卫峰及其犯罪集团成员，在三门峡某县及周边区域多次实施违法犯罪活动，为非作歹、欺压百姓，严重扰乱当地正常的经济、社会生活秩序，造成特别恶劣的社会影响，依法构成《刑法》第294条第1款规定的组织、领导黑社会性质组织罪。

二、故意伤害罪

2013年12月13日上午8点30分左右，被以庄卫峰为首的黑社会性质组织强行霸占资产的某县同建煤矿数十名职工代表，因无法维持家庭基本生活，在该煤矿工会主席刘英范的带领下，准备向河南省高级人民法院领导反映庄卫峰等的违法犯罪行为，期盼河南省高级人民法院能主持公道，替失去生活着落的广大职工讨还赖以生计的煤矿。

庄卫峰、王平通过收买职工代表中的败类汪志昱（王平利用职权将汪志昱之女安排到某县人民检察院上班），已经得知职工代表的诉求和行程，事先指使余升诚、张利旭、魏东平、朱飞等，带领数十名不明身份的黑社会性质组织成员埋伏在附近。职工代表们刚走到河南省高级人民法院大门旁边，就被余升诚、张利旭等带领的黑社会组织成员疯狂殴打、驱散。数名职工代表被打伤住院，其中王银轩左眼眶内壁骨折、腰部骨折，事后法医鉴定构成轻伤；王海朝重度脑震荡，事后法医鉴定构成轻微伤；刘英范等其余数人受伤后逃离现场。

因事发现场在河南省省会郑州市的繁华热闹地段，且在河南省高级人民法院门前，还是在上班的高峰时段，社会影响极其恶劣。职工代表报案后，郑州市公安局未来路派出所及时出警处理该事。但就在派出所处理该事期间，余升诚竟然带领一帮打手，找到受伤职工治疗伤病的医院，对受伤职工进行辱骂、恐吓，迫使数名受伤职工不敢继续留在郑州治疗伤病，不敢接受公安办案机关的问询，被迫拖着伤身返回老家。

庄卫峰等的上述犯罪行为，完全符合《刑法》第234条故意伤害罪的犯罪构成,且情节极其恶劣,影响极其严重,应依法追究其刑事责任。

三、敲诈勒索罪

(一)关于慧云公司的敲诈勒索行为

庄卫峰伙同王平等,原拟霸占某县同建煤矿后,通过河南省人民检察院副检察长黎某高价转卖给河南省义城煤业集团,从中牟取巨额利益。在其霸占某县同建煤矿的过程中,因某县同建煤矿的大股东慧云公司拒绝协助其违法行为,加之国家矿业政策的变化导致河南省义城煤业集团无法购买某县同建煤矿,导致庄卫峰等的预谋不能得逞。庄卫峰为获取非法利益,就对慧云公司、田丰集团进行威吓勒索,强迫田丰集团重金购买原本属于慧云公司的某县同建煤矿。

庄卫峰多次以多种方式、手段与慧云公司、田丰集团管理人员联系,并在2012年11月3日直接跑到田丰集团总部,强行与田丰集团董事长宋某某等见面,以其已经通过领导疏通了关系、在某县同建煤矿投入巨资、设法剥离了某县同建煤矿的债务等理由,要求田丰集团最少以3亿元购买该矿,并扬言:若不答应其条件,就找领导告状、向相关部门举报田丰集团的违法违规行为,并设置各种障碍影响慧云公司、田丰集团在某县的业务经营,甚至有能力将慧云公司、田丰集团逐出某县。后因田丰集团、慧云公司不答应庄卫峰的违法、无理要求,庄卫峰就开始组织、指挥其犯罪团伙在网上恶意攻击、诽谤田丰集团、慧云公司及其董事长。

(二)关于宋某某等的敲诈勒索行为

庄卫峰在其被濮阳县人民法院判决3年有期徒刑并服刑完毕(2018年2月14日)后不久,就明目张胆地亲自给田丰集团董事长宋某某、法务部部长陈顺程,慧云公司副总经理冯国华打电话,对上述人员进行威胁、辱骂、骚扰,提出大量的索赔要求(要钱要物),说不答应就向相关部门举报上述人员。庄卫峰还派遣手下的打手到田丰集团郑州办事处、顺基律师事务所等进行恐吓、骚扰、敲诈勒索。

庄卫峰等的上述行为,完全符合《刑法》第274条敲诈勒索罪的犯罪构成,且敲诈勒索数额特别巨大并具有“其他特别严重情节”,应依法在10年以上有期徒刑的幅度内从重处罚。

四、寻衅滋事罪

(一)关于网络上的寻衅滋事行为

庄卫峰等为了迫使慧云公司、田丰集团屈服其淫威,在2014年初,指使朱飞、郭宏、王小峰等组织、雇用网络水军张志平、徐开来、柴桂珍等，在互联网上注册"新闻深度调查中心、记者联盟蔷薇、新华社记者×××"等虚假身份，大肆发帖，造谣污蔑田丰集团董事长宋某某是河南省最大的"黑老虎"，攻击原来在平顶山市工作过的领导，被各种搜索引擎有效收录1万多条，跟帖1万余人，转帖2万余次。庄卫峰、张志平、徐开来等的无事生非行为致使慧云公司、田丰集团以及相关领导遭受巨大的物质、名誉损失。

郑州市公安局、汝州市公安局在接到田丰集团报案后，及时固定犯罪证据，通过立案侦查，获取了张志平、徐开来、朱飞等的确凿犯罪证据；将张志平、徐开来、朱飞等抓捕归案后，三人对其受庄卫峰指使实施犯罪的事实供认不讳。

（二）关于阻止上访职工的寻衅滋事行为

2014年7月16日，庄卫峰为了阻止受其迫害的某县同建煤矿职工对其的上访、控告，指使余升诚、朱飞、魏东平、张利旭、史平利、李儒平等带领手下突然到维权上访的职工代表居住地，又是拉警报又是喊话，昼夜反复，威逼、利诱职工代表不要继续参与举报他们团伙的非法采矿等犯罪行为。许多职工代表及家属为防范人身安全遭遇不测，四处躲藏，有家不敢回。

（三）关于逼迫职工离职的寻衅滋事行为

2013年5月，庄卫峰指使余升诚、朱飞、史平利、张利旭、李儒平带领手下黑社会性质组织成员，采取威胁、谩骂等手段逼迫拒绝与他们同流合污的职工自行离职。让手下用各种方式深更半夜去敲打职工代表的住所门，让穿黑衣服、露着文身、理光头的混混白天找职工代表威胁、恫吓，以及打电话等骚扰手段，造成上访职工多人受伤、多人留下心理阴影。

庄卫峰等无事生非，追逐、辱骂、恐吓他人，在网络上无事生非，造谣、诽谤他人的行为，完全符合《刑法》第293条寻衅滋事罪的犯罪构成，且属于最高司法机关发布的司法解释中明确列明的犯罪行为类型，应依法在5年以上10年以下有期徒刑的幅度内从重处罚。

五、诬告陷害罪

（一）关于向某县公安机关诬告陷害他人的行为

庄卫峰、余升诚、朱飞、董果果等非法开采铝石矿，造成致2名农民工死亡的重大责任事故，以及王平玩弄女大学生霍某某等的违法犯罪事实曝光后，刘英范、宁中成等多次向相关部门（某县政府、某县国土资源局、某县公安局、某县人民检察院等)举报、向新闻媒体《法治周末》、中国新闻网、《西部时报》等反映,但职权部门均无处理意见且庄卫峰等拒不承认其违法犯罪行为(庄卫峰在电话中向记者“否认上述罪行”),以刘英范、宁中成为代表的一些工人被迫将庄卫峰等的上述犯罪行为在网络上曝光。

庄卫峰、余升诚、朱飞等为打击报复举报人,也为了在某县“称霸立威”,经密谋后由庄卫峰、朱飞向某县公安局报案,将刘英范、宁中成对其犯罪事实的举报污蔑为“捏造的虚假事实”,导致某县公安局于 2014 年 8 月 15 日对刘英范以寻衅滋事罪刑事拘留,某县人民检察院于 2014 年 8 月 28 日对刘英范批准逮捕,一直羁押到 2015 年 5 月 15 日;某县公安局于 2014 年 8 月 28 日对宁中成以敲诈勒索罪刑事拘留,某县人民检察院于 2014 年 9 月 10 日对宁中成批准逮捕,一直羁押到 2015 年 5 月 18 日。

最终,庄卫峰等的上述犯罪事实因被上级司法机关指定异地管辖(渑池县人民检察院、灵宝市人民检察院、濮阳县人民检察院)才被查实,涉案的犯罪分子余升诚等刑事拘留在逃后被网上通缉,涉案的其他人员亦受到了相应的刑事处罚。灵宝市人民检察院在 2015 年 6 月 8 日,以“证据不足,不符合起诉条件”为由,对刘英范、宁中成作出不起诉决定,依法宣告两人无罪。

(二)关于指使朱飞提起刑事自诉的诬告陷害行为

庄卫峰、余升诚为确保刘英范、宁中成受到刑事追究,指使犯罪集团的骨干分子朱飞谎称受到刘英范等的不实举报而遭受精神损害,甚至伪造朱飞喝“敌敌畏”自杀的相关证据,向某县人民法院提起刑事自诉,控告刘英范、宁中成等对其的“污蔑”构成诽谤罪,导致某县人民法院于 2014 年 9 月 15 日对该案立案审查,并进行了大量的刑事诉讼工作,完成了大半刑事程序。当刘英范、宁中成的举报内容被相关部门查证属实之后,庄卫峰为逃避刑事追究,才指使朱飞于 2014 年 12 月 15 日向某县人民法院撤回起诉,某县人民法院于 2014 年 12 月 23 日最终终结了本案的刑事诉讼程序。

庄卫峰等捏造事实诬告陷害刘英范、宁中成等的行为,不但侵犯了公民的人身权利,而且严重干扰了国家正常的刑事司法秩序,完全符合《刑法》第 243 条诬告陷害罪的犯罪构成,属于该罪“造成严重后果”的情形,且因王平等国家机关工作人员参与犯罪,应在 3 年以上 10 年以下有期徒刑的幅度内从重判处刑罚。

六、强迫交易罪

2010年12月1日,庄卫峰收受洛阳市深振冶金材料有限公司经理杜小江的200万元现金后,利用原某省检察院副检察长黎某的影响力,帮助杜小江解决了其与洛阳豫泉铝业有限公司的合同纠纷,从此取得了杜小江的信任。两人密谋利用黎某等的权力,通过倒卖矿产资源,牟取巨额暴利。2011年1月,庄卫峰与杜小江和自称黎某亲戚的张志华(真实身份是庄卫峰的大哥)合伙成立河南旺世兴投资公司,后在增加注册资本后更名为曹岭投资公司。杜小江以鲁志彬的名义出资500万元,占该公司5.2%的股权,后杜小江在庄卫峰的要求下又陆续向该公司投入2000余万元现金。

为了霸占杜小江在该公司的股份,庄卫峰在明知杜小江无法在短短的10天时间内筹集到3000万元巨额现金的情况下,伙同张志华等于2011年8月7日强逼杜小江在股东会决议上签字同意再投入3000万元现金。该股东会决议上的霸王条款约定:"资金必须在2011年8月18日之前全部到位,如果规定时间不到位,要进行处罚。处罚的方式为罚减股份,即资金每迟到1天,违约者自愿减股份1%给未违约者。"

杜小江受庄卫峰的欺骗已经投入该公司2800余万元的资金,无能力再按照霸王条款约定投入资金;庄卫峰、张志华等就在一分钱也没有补偿给杜小江的情形下,直接依据不公平的霸王条款将杜小江赶出该公司,强行占有、控制杜小江在该公司的股权。

庄卫峰、张志华等强迫杜小江将合法拥有的股权无偿转让给他们的行为,完全符合《刑法》第226条强迫交易罪的犯罪构成,且属于情节特别严重的情形,依法应在3年以上7年以下有期徒刑的幅度内处罚。

七、诈骗罪

庄卫峰利用认识领导,可帮助杜小江获得巨额利益,但要给黎某、王平和其他领导送礼为由,分多次共计诈骗杜小江2800万元现金。在杜小江发觉被骗而向庄卫峰讨要被骗现金时,庄卫峰一味推诿,拒不返还,直至杜小江的控告得到公安部"报结果"的批示及郑州市公安局郑东分局刑事侦查大队的压力下,庄卫峰才被迫将该2800万元现金部分退还给杜小江。

该犯罪事实在河南省某县人民法院(2017)豫0928刑初952号刑事判决书以及相关卷宗中有充分显示。虽然法院以事实不清为由没有支持公诉机关的上述指控,但其主要理由却是:庄卫峰退还了赃款,获得了被害人谅解。控告人认为:法院的该事实认定及判决结果明显有误,应依法认定庄卫峰等的该诈骗犯罪事实,并对犯罪分子进行刑罚处罚,因为退还赃款根本不能成为不构成诈骗罪的理由!

八、非法采矿罪

庄卫峰在2009年6月实质控制同建实业有限公司后,以余升诚为其在某县同建煤矿的代言人,并与史平利、张利旭、李儒平等串通,派人进入某县同建煤矿,违反国家法律规定,盗采、滥采铝土矿石,获取巨额利益。其间,多次受到相关人员的举报,多次受到相关行政机关的处罚。

同建实业有限公司工商登记资料显示该公司的营业范围仅是"对煤矿再投资,不得生产经营",其生产、开采的铝土矿石也"不在其拥有的采矿权范围内"。某县人民法院(2016)某刑初字第28号刑事判决书(关于某县国土资源局工作人员李海军、宋志云玩忽职守罪)亦证实该公司长期"违法违规"生产;某县人民法院生效判决书显示,多名证人证实"违法违规"生产的期限长达5年之久。庄卫峰向曹岭公司增加投资(以张成新名义)的资产价值评估报告、工商登记资料均证实当时庄卫峰用作投资的铝土矿石就多达50余万吨,评估价值5968万元。

最为令人愤慨的是:庄卫峰等不思悔改,罔顾政府法令,仍在大肆违法开采铝土矿石!

庄卫峰等的行为完全符合《刑法》第343条第1款非法采矿罪的犯罪构成,且属于"情节特别严重"的情形,依法应判处3年以上7年以下有期徒刑。相关行政部门应将庄卫峰等的该犯罪行为移交司法机关追究其刑事责任,不能以行政处罚代替刑事处罚。

九、重大责任事故罪

庄卫峰、余升诚、朱飞、魏东平、张利旭、史平利、李儒平等在非法采矿过程中,为规避本地行政执法部门的查处,也为了封锁其非法采矿的消息,多雇用省外的、没有资质的施工队,且施工人员多缺乏安全意识;加之生产施工的安全措施没有保障,多次发生致人伤亡的安全生产事故。特别是在2013年5月16日发生了致工人陈福有、陈向前父子2人同时死亡的重大安全事故。事故发生后,庄卫峰指使余升诚、朱飞、魏东平等严密封锁消息,将死者尸体偷偷运至灵宝市萍香阁宾馆,并通知死者家属前来商谈私了,最终赔偿死者家属170万元。

后因死者家属和其他工人的举报,该事件被相关行政机关、司法机关关注,但庄卫峰等一味隐瞒,拒不承认发生安全生产事故。某县政府组织的专案组虽经过长期调查,但因专案组内部人员的通风报信(该案刑事卷中有充足的证据证实),亦未能查实该事故。后在社会媒体的反复曝光、反映下,上级政府将该案指定渑池县人民检察院办理;在渑池县人民检察院办案人员的艰辛努力下,才最终查实了该事故的存在。但在庄卫峰等的运作下,作为实际控制人的庄卫峰根本没有被惩处;作为直接责任人的余升诚也刑事拘留在逃并被网上通缉数年,一直逍遥法外;最终仅将一个小小的包工头刘中河作为替罪羊抓捕,以重大责任事故罪判处其有期徒刑 1 年 6 个月并适用缓刑。

然而,某县人民法院(2015)年陕刑初字第 77 号刑事判决书中被判刑的刘中河,实际上是受庄卫峰、余升诚的指示、雇用进行非法挖采的,庄卫峰作为实际控制人,余升诚作为直接责任人,应该负重大责任事故罪的刑事责任。

十、不报、谎报安全事故罪

庄卫峰作为实际控制人,余升诚作为实际组织者,朱飞、魏东平、张利旭、李儒平等作为直接管理者,在非法采矿过程中发生了致人死亡的重大安全事故(2013 年 5 月 16 日)。上述诸人均负有向相关部门报告的职责,却均没有报告,而是采取各种方法隐瞒事故的发生,贻误事故抢救;甚至在政府相关部门成立专案组进行调查时,串通专案组的相关人员提前通风报信,安排手下的打手在专案组人员前去调查的前一天找到知情人、受害人家属,采用威胁、利诱的方法让他们说谎来应付办案人员,导致该事故在长达 1 年的时间内无法查实。

庄卫峰等的行为完全符合《刑法》第 139 条之一不报、谎报安全事故罪的犯罪构成要件,且属于情节特别严重的情形,依法应在 3 年以上 7 年以下有期徒刑的幅度内从重处罚。

十一、行贿罪、对非国家工作人员行贿罪

(一)关于向王平行贿的事实

某县人民法院 2018 年 3 月 14 日作出的(2017)豫 0928 刑初 952 号刑事判决书中认定庄卫峰成立对有影响力的人行贿罪;而某市中级人民法院 2018 年 7 月 13 日作出的(2018)豫 09 刑申 23 号通知书却对某市中级人民法院(2017)豫 09 刑终 143 号刑事判决书中庄卫峰行贿对象王平构成受贿罪进行了确认。根据该案卷中的证据,足以证实庄卫峰对应的应该是行贿罪而不是对有影响力的人行贿罪(前罪的法定刑远远重于后罪的法定刑),依理依法都应该对庄卫峰的该犯罪事实提起审判监督程序,重新审理并对其按照行贿罪定罪处罚。

(二)关于向陈生平等行贿的事实

某县人民法院(2017)豫0928刑初952号刑事判决书认定:庄卫峰向同建公司副总经理陈生平行贿10万元,让其帮忙压低股权转让价款。然而,庄卫峰对张利旭、史平利等承诺的200万元干股,虽然因条件不具备没有落实,但依法应构成对非国家工作人员行贿罪的未遂。庄卫峰的该犯罪事实应该作为漏罪,依法追究其刑事责任。

十二、受贿罪

如上所述,对应庄卫峰的行贿行为成立的行贿罪,王平的行为依法应该成立《刑法》第385条规定的受贿罪。因王平收受贿赂后,利用职权强逼他人低价转让股权、诬告陷害他人,明显属于《刑法》第383条规定的“其他特别严重情节”,依法应该在10年以上有期徒刑或者无期徒刑的幅度内定罪处罚。

21 秦章星等恶势力高利贷案

——缺乏非法占有目的发放高利贷的行为非“套路贷”行为，不应适用司法机关关于“套路贷”的相关解释，将追讨高利贷的行为认定为恶势力犯罪行为

【案情简介】

秦章星之前在广东深圳与人合伙开办一家汽车运输公司，其于2008年带着自己的分红款2000余万元回到老家郑州市，注册成立了郑州市昌茂商贸公司。当地有几家企业急需资金，却不能顺利从银行获得贷款，就主动与秦章星商量，以2分5厘至5分的月息，从秦章星处获得借款。至2017年初，秦章星借钱给其他个人或公司共计20余家，借出资金2亿多元；受托帮助5人借出资金1.5亿元。后因多数借款人无法按期归还借款，秦章星就以公司名义招工6名，组织该6名员工采取恐吓、跟踪、入室骚扰等方法，向借款人讨要欠款。其中：(1)2013年5月，组织该6名员工到借款担保人河南省工商银行某支行(以下简称工商银行)堵住门口、打横幅，并在该行行长沈敬军办公室门口“站岗”。(2)多次组织员工到欠款人的公司或家中静坐。(3)威胁欠钱的某银行副行长，如不能按期还钱，就将该副行长包养情人的行为告知其配偶及上级领导。(4)强逼借款人将自己的住宅以低于市场的价格转让给其指定的第三人。

【追诉经过】

公安机关对秦章星以恶势力“套路贷”为由立案侦查，秦章星得知公安机关对其刑事立案后潜逃。不久，其在朋友的规劝下到公安机关投案自首，后被采取取保候审措施。公安机关在侦查终结后，对本案作出撤案处理。

【争论要点】

1. 秦章星等高息向外借款的行为，是否属于“套路贷”行为。

2. 秦章星等是否成立寻衅滋事罪、非法侵入住宅罪等犯罪。

3. 秦章星等是否构成恶势力犯罪集团。

4. 对本案应该如何处理。

【辩护思路】

首先,着重辨析秦章星等的行为是否属于“套路贷”行为。基于本案证据能证明的贷款、收款事实,可以得知秦章星的涉案行为并非以非法占有目的为成立要件的“套路贷”行为。故而,本案不宜适用相关司法机关的相关司法解释——即将该行为首先定位为“套路贷”行为,然后再认定为恶势力犯罪集团犯罪。

其次,逐个分析公安机关指控的个罪的案件事实与相关法律规定的对应关系,反驳公安机关对秦章星的所有犯罪指控,从而进一步否定本案成立恶势力犯罪。

最后,综合本案的实际情形——秦章星尚有数亿元债权无法实现,而许多债务人属于有钱不还、恶意拖欠的事实,争取秦章星能得到社情民意的支持,从而促使公安机关对本案作出撤案处理。

【辩词摘要】

一、秦章星及其公司 6 名员工不构成犯罪集团,更不成立恶势力犯罪

根据 2019 年《最高人民法院、最高人民检察院、公安部、司法部关于办理恶势力刑事案件若干问题的意见》(以下简称《意见》)规定,恶势力,是指经常纠集在一起,以暴力、威胁或者其他手段,在一定区域或者行业内多次实施违法犯罪活动,为非作恶,欺压百姓,扰乱经济、社会生活秩序,造成较为恶劣的社会影响,但尚未形成黑社会性质组织的违法犯罪组织。

本案虽然符合恶势力的“经常纠集在一起,以暴力、威胁或其他手段”实施行动的特征,但并非多次实施违法犯罪;该公司非以犯罪为目的成立,所招收的 6 名员工亦非以犯罪为目的而招募。而且,秦章星等针对的对象是欠钱不还的特定人,而不是一般的所谓“百姓”,其行为亦不具有扰乱经济、社会生活秩序的客观结果,故而不符合“恶势力”的要求。

《意见》明确规定,“单纯为牟取不法经济利益而实施的‘黄、赌、毒、盗、抢、骗’等违法犯罪活动,不具有为非作恶、欺压百姓特征的,或者因本人及近亲属的婚恋纠纷、家庭纠纷、邻里纠纷、劳动纠纷、合法债务纠纷而引发以及其他确属事出有因的违法犯罪活动,不应作为恶势力案件处理”。

本案中,秦章星的行为不符合“单纯为牟取不法经济利益”的规定——其讨要的是合法债务而非非法债务,故而不应作为恶势力案件办理。

二、秦章星等的涉案行为不属于“套路贷”

根据《最高人民法院、最高人民检察院、公安部、司法部关于办理“套路贷”刑事案件若干问题的意见》的规定,“套路贷”,是对以非法占有为目的,假借民间借贷之名,诱使或迫使被害人签订“借贷”或变相“借贷”“抵押”“担保”等相关协议,通过虚增借贷金额、恶意制造违约、肆意认定违约、毁匿还款证据等方式形成虚假债权债务,并借助诉讼、仲裁、公证或者采用暴力、威胁以及其他手段非法占有被害人财物的相关违法犯罪活动的概括性称谓。

本案中,秦章星没有非法占有目的,所有涉案借款发生的前提均是借款人主动找到秦章星本人,恳求秦章星借款给他们应急,不存在诱使、迫使的情形。各借款人对借款的利息多少、如何计算亦十分清楚,并自愿承担相应的法律责任——借款人的行为完全是出于自愿。秦章星将所有借款的相关事宜、需承担的法律责任清楚、明白地告知借款人,不存在所谓的隐瞒真相、虚构事实之事。秦章星亦没有通过虚增借贷金额、恶意制造违约、毁匿还款证据等方式形成虚假的债权债务,故而其没有非法占有他人财产的目的和行为。

秦章星的贷款实际上是一种发放高利贷的行为,而依据相关司法解释的规定及司法实践惯例,若借贷双方约定的逾期利率高于法律规定的高利区间,仅产生高于区间的利息部分不予支持的结果;并不免除借款人归还借款本金,以及支付不超出法律规定的高利区间的利息的义务。

三、秦章星涉嫌犯罪的几种行为,均不成立犯罪

(一)秦章星与工商银行的纷争,具有诸多的特殊情形

在该事件中,工商银行某支行及沈敬军担负更大的道德责任和法律责任。沈敬军是造成秦章星等在工商银行门口打横幅、实施堵门行为的始作俑者,是他们迫使秦章星等的围堵行为一步步升级。

沈敬军代表的工商银行是为了掩盖自己之前的非法放贷行为不被发现,逃避上级管理部门及相关司法行政部门的法律责任追究,而主动找到秦章星商谈此事。沈敬军以自己是工商银行领导,能操控银行贷款给宝都宏公司以便专门

归还秦章星的借款,在贷款协议上签字为借款行为担保,安排秦章星贷款给根本不具有还款能力的宝都宏公司,导致秦章星将借款收回的唯一希望寄托在沈敬军贷款给宝都宏公司身上。

在宝都宏司归还银行贷款之后,沈敬军等却以多种理由,一味推诿,不再贷款给宝都宏公司,致使秦章星无法实现债权。在秦章星等向沈敬军索要银行内部会议纪要,拟以此起诉银行承担还款责任时,以沈敬军为代表的银行及上级银行领导,却连这些基本的资料也不提供,导致秦章星无法向银行提起民事诉讼;而沈敬军作为担保人却没有还款的能力,致使案涉债权难以实现。

最终,秦章星逼不得已才采取了打横幅、围堵工商银行大门等行为——也就是说,秦章星等的堵门行为不仅是因为沈敬军、工商银行不还款引发的,更是因为沈敬军、工商银行背信弃义而引发的。与一般的为讨债而堵门的行为不同,该行为因为具有特殊原因,故而不应属于寻衅滋事的犯罪行为。而且,该事件中,秦章星仅是组织少量人员堵住银行的部分通道,并未将银行大门堵死,也没有影响银行存贷款业务的正常进行,所以其行为亦不构成扰乱社会秩序罪。

秦章星组织人员到沈敬军办公室静坐,在其门前“站岗”,让沈敬军给个说法,将之前答应给付的关于银行愿意为该笔贷款承担责任、负责解决该笔贷款留下的后续问题的会议纪要交给秦章星。其静坐的目的是要回沈敬军应该给的资料,而不是逼迫沈敬军给钱。

至于秦章星等多次到沈敬军家中,亦是追要该会议纪要。鉴于这些会议纪要是沈敬军以个人名义向秦章星等承诺给付的,秦章星等在沈敬军一味躲避难以寻找的前提下,到沈敬军家中索要该资料,完全属于合法行使自己的民事权利,不存在违法的事实,更不应因此而成立犯罪。

(二)秦章星组织人到欠款人家中静坐,不成立犯罪

本案中公安机关指控的多项犯罪事实,均是因为借款到期后,欠款人不予归还,而且一味躲避不见秦章星等而引发的;秦章星正是在遍寻不到的情况下,才被迫在欠款人家门口蹲守,然后与欠款人一起到欠款人的家中商谈还款之事。

如果秦章星等能通过其他方式找到欠款人,或者欠款人直面秦章星等,则这些事情就根本不会发生。何况,秦章星等的上述行为温和而有节制,并未给欠款人及其家人造成大的影响,也没有影响社区的正常社会秩序。

（三）秦章星威胁某银行副行长的行为非敲诈勒索行为，非违法行为

在某银行副行长违反法律规定的禁止从业规定，违法、违规筹集资金，私自进行放贷营利，进而欠下秦章星巨额借款不能归还的情况下，秦章星以举报其私自包养情人的方式来使其归还欠款，属于行使合法控告权的行为，本身并不具有违法性，不应受到法律特别是刑法的惩处。即使秦章星等举报不是为了公共利益，而是为了讨回自己的欠款，但并不能在客观上否认该行为对公共利益有益的事实。

（四）逼迫借款人将房产抵给第三人的行为，不成立强迫交易罪

首先，这些行为发生的前提是借款人真实欠付秦章星的巨额借款而无能力归还。

其次，这些人均愿意出卖房产来支付对秦章星的欠款，仅是一直在等待出价更高的买主。但由于当时房地产市场已经处于有价无市的境遇，交易数量很低，虽然秦章星给他们至少 2 个月的时间处理房产，但他们一直没能自行卖出这些房产，没有履行还款义务。

再次，秦章星在借款人不还钱，又消极处理房产拒不还钱的情形下，只能被迫采取让借款人将房产卖给自己的债权人从而抵偿债务的行为——秦章星的该行为才是被迫的行为。

最后，抵偿的房产价格虽然远低于官方公布的市场价格，但是与实际的市场交易价格却几乎同等；借款人不存在因将房产出卖给秦章星而受损失之事。

综上，公安机关指控秦章星的多个犯罪行为均不具备法律规定的犯罪成立条件，依法不能认定为犯罪；指控秦章星成立恶势力犯罪的基础条件并不具备，秦章星不能成立恶势力犯罪。

三、职务犯罪类

【题记】

职务犯罪成立的基本要求：(1)行为人具有法定的职责和职权；(2)行为违反履职规定和制度；(3)行为人利用职务之便；(4)行为损及职务的廉洁性和正当性。

22 乔金生贪污、受贿案

——徇私舞弊型滥用职权犯罪，同时成立滥用职权罪和受贿罪时，应根据徇私舞弊的具体情形，决定如何定罪处罚

【案情简介】

一、贪污事实

1. 乔金生先后担任某省供销社主任、商务厅厅长等职务。在担任某省供销社主任期间，其受下属严虹所托，为严虹的弟弟严峰的企业申报国家供销总社及财政部的专项资金提供帮助，使严峰在不具备上级规定的条件下，成功申报项目资金补贴，共获得专项补贴资金460万元；严峰将其中100万元交给严虹，剩余的资金归其支配使用。

2. 乔金生为了帮助严虹筹集资金，指使严虹以其弟弟严峰的名义开具向某省供销社下属两家公司送花卉的发票，在没有给该两家公司送花卉的情况下，收取该两家公司28万元款项。

3. 乔金生在北京出差履行公务期间，将自己购买并使用的两件上衣所花费的款项10768元，在商务厅下属的企业财务上报销。

二、受贿事实

1. 乔金生担任商务厅厅长期间，其下属单位的负责人李振江在2013年购买了一辆奥迪汽车，借给乔金生平时使用。2018年2月，在乔金生即将退休之际，李振江主动将该车低价过户给乔金生的外甥女蒙慧霞。

2. 乔金生在担任国家机关、事业单位领导期间，多次接受其下属或者其他请托人的请托，收取相应财物，为他人谋取利益。

3. 乔金生在担任国家机关、事业单位领导期间，多次在逢年过节时收受他人财物，合计数十万元。

【追诉经过】

监察机关接到群众举报，经立案调查后，查清了本案涉嫌的基本犯罪事实，将乔金生、严虹、严峰等涉案人员抓捕归案，并移送至某县检察机关审查起诉；某县检察机关审查终结后，以乔金生、严虹成立贪污罪和受贿罪移送至县人民法院审理。县人民法院一审判定乔金生成立贪污罪和受贿罪，数罪并罚判处乔金生有期徒刑 13 年，并处罚金 50 万元；判处严虹有期徒刑 7 年，并处罚金 30 万元。两名被告没有上诉，检察机关没有抗诉，一审判决生效。

【争论要点】

1. 乔金生帮助严峰获取国家专项补贴资金的行为构成贪污罪还是滥用职权罪。

2. 乔金生帮助严虹侵吞国有公司花卉款的行为成立滥用职权罪、贪污罪还是受贿罪。

3. 乔金生借用他人车辆，并最终将车辆过户至自己外甥女名下的行为是否成立受贿罪；若该行为成立受贿罪，受贿的数额如何认定。

4. 对身患多种疾病、生活难以自理的乔金生是否应该在审判阶段启动暂予监外执行的鉴定程序，以决定是否对之暂予监外执行刑罚。

【辩护思路】

对乔金生定罪量刑影响最大的是其帮助严峰获取国家专项资金补贴 460 万元的行为，而根据卷中证据及辩护人向法庭提供的相关证据，乔金生并没有因该行为获取任何利益；严虹是否因该行为获得过利益，也没有充足的证据加以证实。故而，很难说乔金生具有贪污的犯罪故意。而且，乔金生的帮助行为也仅限于要求下属人员帮严峰完善相关手续，让其依法获取补贴，并无其他明显的滥用职务行为，乔金生的该行为不应构成贪污罪。

在此基础上，为便于司法办案机关接受辩护人的观点，我们直截了当地提出该行为成立滥用职权罪且属于滥用职权罪“徇私舞弊”的从重处罚情节，以促使司法办案人员接受辩护人的观点，将该行为由重罪改变成轻罪认定。

继而，我们对乔金生帮助严虹获取花卉款 28 万元的行为被认定为贪污罪提出异议。因乔金生是该某省供销社的主任,其对某省供销社下属具有独立法人资格的企业的资产并不直接具有管理、经手的职务便利,故而不符合贪污罪的构成特征,而更符合滥用职权罪(徇私舞弊型)的特征。这样,由于剩余的10768元购衣款的贪污行为不能达到《刑法》及相关司法解释规定的3万元成罪标准,所以乔金生不成立贪污罪。

针对乔金生的受贿行为,我们将重点放在其先借用他人车辆,5年后才接受他人建议将车辆过户到自己外甥女名下的特殊情况,着力否定乔金生的该行为成立受贿犯罪,至少引起司法办案人员对该特殊情形的关注。而且,即使认定该行为成立受贿罪,也应聘请法定的鉴定机构确定该车在过户给乔金生外甥女时的真实价值,以减少乔金生的受贿数额。

【辩词摘要】

一、乔金生不成立贪污罪,而成立滥用职权罪

(一)关于乔金生涉嫌贪污460万元的问题

1. 乔金生主观意图是帮助汝诚公司获得460万元项目款,并没有与汝诚公司、严虹或严峰共同非法占有项目款的故意

卷中证据显示:其他供销系统的企业或相关联企业申报类似项目资金已经多年了。严峰在知道别的做同样生意的朋友申报成功后,就找到调到某省供销社工作的姐姐严虹询问,想申报项目资金。严虹对此并不清楚,就找到乔金生询问申报"新网工程"项目资金的事项。作为某省供销社主任的乔金生仅知道2010年文件的大体规定,该项目只有公司才能申报,个人不能申报,对其余详细的情形、条件并不清楚。乔金生当时就将自己知道的文件精神告诉了严虹,并告诉严虹让严峰到某省供销社的主管部门详细询问。此时,乔金生并不知道严峰是否有公司,也不知道严峰是否符合申报项目资金的条件,只是给严虹解释了自己所知道的申报政策和条件。乔金生给严虹解读"只有公司才能申报"政策的行为并不是起诉书认定的"建议成立公司"行为,更不是与严虹共谋骗取项目资金的行为之开始——因为不管任何人出于何目的向乔金生询问该问题时,乔金生依法依情依理都应该这样回答,该行为根本不能认定为犯罪行为或犯罪的预备行为。

鉴于乔金生与严虹的关系,严虹仅是笼统、概括地问乔金生如果严峰的公司不符合规定或申报中遇到困难该怎么办;此时严虹并不知道申报中会遇到什么

困难，会有什么不符合的条件。乔金生对严虹笼统、概括、无具体指向地说："按照程序申报，如果有困难我可以帮忙"属于正常行为，是告诉严虹让严峰依法按照程序正常申报，显然不属于犯罪行为；至于有何困难、帮什么忙，乔金生并不知道，也从未想过。

在2010年的项目申报过程中，严峰的汝诚公司确实遇到了困难，不符合申报条件，严虹应严峰的要求找到乔金生，乔金生就给主管此项事务的某省供销社财务处长徐万胜打招呼，让其"重点关照一下"。但乔金生此时不知道，严虹没有告诉他，徐万胜也没有向其汇报，到底汝诚公司哪一点不符合条件，需要具体怎样的关照。这些具体事实甚至连严虹也不清楚！除此"关照"之外，乔金生再无对徐万胜或其他任何人说过或交代过此事。从始至终，不存在乔金生与严虹或严峰"共谋贪污"的犯罪情节。至于徐万胜、乔金生怕汝诚公司不符合条件而没有将汝诚公司资料在主任办公会上讨论而直接下文送给财政厅，则是乔金生和徐万胜等滥用职权的明显写照。最重要的是，严峰在申报中制造假资料的事情没有告知严虹，严虹也没有告知乔金生，也没有其他人告知过乔金生，乔金生对此资料造假一无所知；乔金生更不可能，实际上也没有指使严虹或严峰通过资料造假获取项目资金。严峰为了顺利获得项目资金，曾背着严虹和乔金生，按照具体经办人的建议或指示向多人行贿（包括给予某省供销社王建省5000元、给予财政厅程处长2000元的鱼缸、给予审计厅寰伟处长3万元、给予某省供销社办事员价值2.7万元的100克黄金等）。正是由于严峰的行贿行为和相关人员（不包括乔金生）的受贿行为、滥用职权行为，才使汝诚公司的项目申报得以顺利过关。而乔金生仅是在最后向财政厅报送申报项目时，在经过多个部门、多人审查合格，多人实地查验合格后所形成的文件上，在明知汝诚公司不符合条件的前提下徇私签了"同意"二字而已。乔金生的该行为并不是严峰获得项目资金的关键环节。

2011年项目申报亦是类似的情形：因某省供销社主管此项事务的人变成了王建省，故而乔金生交代王建省"关照一下汝诚公司"，除此之外乔金生并无其他违规行为。至于该年汝诚公司加盟某省供销社的丰合集团，是依据上级"开放办社"精神的正常、合法行为，并不是针对汝诚公司一家的，而且汝诚公司也和其他加盟企业一样依据与某省供销社签订的合同缴纳了加盟费，履行了相关的义务，当然应该享有相应的权利。实际上，汝诚公司加盟某省供销社后，其已经成为受丰合集团节制的企业,并不是与丰合集团没有任何关系。

在2012年项目申报过程中,某省供销社的主管仍然是王建省,其对乔金生关注汝诚公司的项目申报心知肚明,不需要乔金生再行交代,实际上乔金生也未再次交代王建省照顾汝诚公司。故而,该次申报根本就不存在乔金生滥用职权的行为。至于修改总社以及财政部的文件内容,是乔金生和其他人商量后,根据兄弟省市的经验制定的适应某省供销社系统实际情况的措施,并不是滥用职权的行为,更不是为帮助汝诚公司骗取项目资金而刻意为之,与汝诚公司是否骗取项目资金没有法律上的因果关系。

总之,乔金生在汝诚公司获得460万元资金的过程中,从始至终都没有非法占为己有的主观目的和主观犯罪故意,也没有与汝诚公司、严虹或严峰共同非法占有460万元的故意,不符合贪污罪的主观构成要件。

2. 乔金生没有与汝诚公司、严虹或严峰共谋骗取新网项目资金的行为

客观上,乔金生自始至终没有与严虹或严峰共同商量、沟通如何非法占有该460万元的行为,没有非法占有或消费一分钱,不具备贪污罪的客观构成要件。起诉意见书认定的"乔金生建议由严虹弟弟严峰成立汝诚公司后通过资料造假进行申报",是明显不符合事实的,是无证据支撑的。

贪污罪的成立既要求侵犯公务行为的廉洁性,又要求对公共财产进行侵吞、骗取或窃取。即使利用职权让他人占有财物或者贪污后将财物赠予他人能够成立贪污罪,但该罪的成立仍然要求行为人本人能够控制或处分非法占有的财物(与他人共同占有、共同控制财产才能成立共犯)。本案中,460万元虽然支付给了汝诚公司,但乔金生也要求汝诚公司好好经营,做好账目,做好财政资金的审计工作;对460万元如何分配、谁分多少、为何这样分,乔金生完全不知情,也不想知情。显然,乔金生与严虹、严峰没有形成对460万元资金的共同占有、控制或支配。不能因为严虹与乔金生是情人关系,而把严虹弟弟严峰伪造评审资料,行贿主管、经手人员,汝诚公司占有460万元,甚至严虹母亲的协商分家、严虹"分得"家产等行为的法律后果,让毫不知情、没有参与、无法控制的乔金生承担共同犯罪、共同贪污的刑事责任。

至于严虹、严峰为感谢乔金生而事后送给乔金生的三根小金条,属于乔金生滥用职权的受贿行为;如有证据证实该行为成立犯罪,也应成立受贿罪。依据法律规定,该受贿行为可以与乔金生的其他受贿行为合并,而与乔金生的滥用职权

罪数罪并罚。

3. 本案卷宗中的判决书及其他相关生效判决书是乔金生不成立贪污罪的有力佐证

卷中河南省项城市人民法院的生效判决书，对与这些涉案项目申报有直接关联的、类似的行为——周口市供销社主任陈敬峰在案件中不但指使他人造假，帮助他人申报项目资金，而且同乔金生一样收受他人贿赂，但法院最终对陈敬峰按照滥用职权罪与受贿罪定罪处罚。陈敬峰属于正处级干部，依据我国司法系统的相关规定，对正处级人员的定罪处罚应该报省级人民法院审查备案，故而该判决实际上已经被该省高级人民法院所肯定和认同。法庭对乔金生定罪时应该对此情形给予充分考虑，以使司法结果统一，避免司法不公的情形发生，损毁我国努力打造的良好法治环境。

（二）关于乔金生涉嫌贪污 28 万元的问题

1. 乔金生没有与严虹共同贪污 28 万元的故意

该 28 万元的贪污行为系严虹缺装修自己房屋的资金而引发。卷中证据显示，乔金生委托严虹以江林的名字（乔金生的另一张身份证），于 2009 年在郑州东区双河湾购买了一套 137. 37 平方米的房子，并于 2010 年 1 月 19 日一次性支付了全部房款 137. 8547 万元。在 2011 年 9 月交房时，乔金生因为手头没钱而让严虹垫付了 18. 5 万元车位款。在经过商议之后，乔金生决定将该房送给（过户）给严虹，所以，该房屋以及车位实际上属于严虹；严虹至 2019 年 12 月也没有支付过一分钱房款，乔金生也没有向严虹要过。

因为购买车位及筹集资金装修该房，严虹在 2011 年底多次对乔金生说资金紧张，想趁某省供销社创建精神文明单位，需大量购买花卉之机，让乔金生帮助其通过某省供销社的相关企业与汝诚公司交易花卉弄点钱。当时某省供销社确实正在进行精神文明单位的创建，也确实需要购买大量花卉，而供应某省供销社花卉肯定能赚取大额资金。乔金生就安排某省供销社的办公室主任蔡昌建、金土地公司的经理潘会臣处理与汝诚公司的花卉交易合同以及相关发票。虽然卷中证据显示，丰合集团、金土地公司可能没有最终获得花卉（在案证据并不能证明汝诚公司没有给某省供销社、丰合集团、金土地公司送过任何花卉：办案人员并没有对具体收发花卉的经手人进行查证，仅凭经手发票、合同的经手人“不清楚是否送花卉”的证言就认为没有送花卉）。而且，第一，乔金生直到案发后才被告知汝诚公司没有送花卉,并不是当时就知道汝诚公司不会送花卉。第二,乔金生当时为讨好严虹说"也不一定真正购买花卉"(2018 年 12 月 8 日严虹笔录),但并不是说不需要购买,"也不一定真正购买"是不确定的意思,包含"真正购买"和"不真正购买"。第三,严虹没有告诉乔金生汝诚公司本来就不打算送任何花卉;而蔡昌建、潘会臣也没有告诉乔金生(即使为讨好乔金生)没有让汝诚公司送花卉。可见,乔金生凭空套取丰合集团、金土地公司资金的主观故意并不存在或并不明显。

另外,本案中汝诚公司没有给丰合集团或金土地公司送任何花卉的情节并不符合常理,法庭应慎重认定该事实。一般来说,作为一个供应花卉的企业,供应的花卉又不是数量特别大、特别值钱的,不可能连一盆花都不送。某省供销社及其关联企业、部门当年肯定为创建精神文明单位购买了花卉,但该花卉到底是谁送的、有没有其他企业送过花卉、汝诚公司是否送过花卉,在本案中并没有查清,所以该事实至少因缺乏足够证据证实而存疑。

退一步说,当汝诚公司与丰合集团、金土地公司签订花卉购买协议并支付价款后,丰合集团、金土地公司的相关经办人应该督促该交易的进行,而不应不管不问。故而,如果汝诚公司没有送花卉而收到了价款,这个责任也应由乔金生与其他相关人员共同承担,而不是乔金生一人负责,其他人不向汝诚公司讨要花卉的行为是丰合集团、金土地公司资金受损的主要、直接原因。何况,依据丰合集团、金土地公司与汝诚公司的合同,如果汝诚公司 2019 年 12 月没有供应花卉,丰合集团、金土地公司依法可以向汝诚公司行使权利,讨要该花卉,但两家企业一直未进行追讨。可见,丰合集团、金土地公司的损失实际上并非不可挽回,或者说并没有实际发生。

2. 乔金生不符合贪污罪的主体条件,且金土地公司和丰合集团的资产不属于乔金生贪污的对象范畴

金土地公司虽是某省供销社的子公司,但其是独立的法人,财务、人员均独立于某省供销社,乔金生在该公司并未担任任何职务,其不具有主管金土地公司的职责和管理、经手财务的条件。金土地公司的资产即使受损,也与乔金生作为某省供销社主任应承担的职责没有直接的关联,该责任应由金土地公司的相关人员承担,而非乔金生承担。乔金生对此充其量承担滥用职权的责任,因此在该事件中,乔金生不符合贪污罪的主体身份。

丰合集团与某省供销社是两个独立的单位,虽然乔金生在担任某省供销社主任的同时兼任过丰合集团的董事长,但因丰合集团属于混合所有制企业,有包括汝诚公司在内的9家私营企业加盟,乔金生让某省供销社办公室主任蔡昌建办理丰合集团的购买花卉事项,受损的是丰合集团的资产,而不是纯国有的资产。该资产不属于贪污罪的贪污对象。

而且,乔金生在该28万元事件中从始到终没有侵占该钱款的故意,该28万元最终被严峰交给严虹,由严虹独自占有、消费,乔金生没有得到或消费其中一分钱。卷中证据并不足以证明该28万元发票由乔金生实际经手操办,反而显示乔金生实际上并没有经手该28万元的发票,其仅是交代他人处理,完善一下手续而已。卷中只有蔡昌建的笔录谈到乔金生交给其丰合集团的票据让其处理,而乔金生、严峰两人均否认(严峰记得该发票送给了王建省),严虹的笔录多次反复"记不清",因此没有充足的证据能证实发票交给了乔金生处理。

(三)乔金生的上述行为涉嫌成立滥用职权罪

综上,乔金生2010年、2011年的上述行为属于滥用职权的行为,而非贪污行为,符合《刑法》第397条第2款规定的"徇私舞弊,犯前款罪"的构成要件,应成立滥用职权罪——徇严虹为其情人之私情、徇严虹送其三根小金条(或一根)之私利!没有任何法律规定为帮助情人而滥用职权的行为应该基于"情人"的特殊关系而成立贪污罪!司法实践中发生的大量滥用职权行为均是因"关系人"而滥用的,如果本案乔金生的行为被认定为贪污行为,不但于法无据,而且会引起一系列的尴尬——因情人将滥用职权变为贪污罪,那么为亲戚、战友、同学、领导等特定关系人而滥用职权的该怎么处理?辩护人还认为,这样做的结果,将人为架空我国《刑法》第397条第2款中"徇私舞弊"情节的明确规定,这明显与立法精神相悖,与法理不符,与常识不合。

同时,辩护人认为,乔金生滥用职权造成的损失数额应为338万元(2010年的60万元、2011年的250万元、关于花卉的28万元),而非488万元。理由是:汝诚公司在2012年申报项目的过程中,因乔金生没有向任何人交代关照汝诚公司,其最后在项目审核小组验证合格的文件上签字的行为不成立贪污罪,也不成立滥用职权罪或玩忽职守罪——充其量如乔金生从某省供销社主任调任商务厅厅长时的离任审计报告中所认定的由乔金生承担领导责任(而非刑事责任)。

(四)购买服装的10768元单独不成立贪污罪

如果上述460万元和28万元不成立贪污罪,则该10768元因不符合贪污罪的立案标准(3万元)而不成立贪污罪。且该10768元系乔金生在办案机关不掌握情况的前提下自己如实供述的违法事实;故而即使该行为成立犯罪,也具有自首的情节。

二、关于乔金生涉嫌受贿的事实

(一)关于涉嫌受贿的奥迪车问题

该车原来是2013年李振江购买后借给乔金生使用的,当时并不是送给乔金生的,否则也不会用其弟弟李建波的名义购买并登记,而会用乔金生或乔金生指定的人的名义购买并登记。该车直到2018年2月才正式过户给乔金生的外甥女蒙慧霞。在2013年至2018年过户前,乔金生是借用奥迪车,故而不存在行贿受贿的问题。真正存在受贿嫌疑是自该车在2018年2月过户给乔金生的外甥女蒙慧霞之日起;而该车从购买到过户跨越了5年的时间,该5年内奥迪车的价值会明显减损。辩护人咨询后得知,2018年2月该车的价值不会超过15万元。法庭如果认定该车属于受贿,则应该对该车在2018年2月过户时车的价值进行鉴定评估,而不应采纳该车购买时的价值。

何况,卷中证据并不足以显示乔金生不准备支付该车的转让款。首先,乔金生始终没有说过不支付转让款,仅是因为在向李振江还车时,李振江想将车卖掉,而乔金生认为这辆车还没怎么使用,卖给别人亏了,才将该车过户到蒙慧霞的名下。其次,虽然从2018年2月到案发时乔金生没有支付过车款,其与李振江也未提过车款的事情,但这是因为此时乔金生、李振江已经被举报、调查(卷中立案文书为证),无暇关注此事。因此,该车是否属于受贿行为应该有待商榷。

(二)关于收受王立敏2万港元的问题

该2万港元系过节时王立敏所送,当时王立敏亦没有提出请托要求,乔金生也未承诺请托,不宜认定为受贿罪的犯罪数额。

(三)关于收受张伟1万港元、王立敏1万元、李永兵5万元、魏桥10万元的问题

卷中证据显示,乔金生对上述四人并未实施谋利行为,上述四人也没有实际获得利益。如果法庭认定乔金生的上述行为成立犯罪,在量刑时应该给予从轻考虑。

(四)关于受贿罪的自首问题

起诉意见书认定乔金生“主动交代组织尚未掌握的其他问题”,指的是乔金生主动交代受贿238.6326万元的事实,乔金生的该行为系自首,法庭依法应该给予确认。

不可否认,上述资金中关于李振江送的奥迪车(价值53.9178万元或15万元待定),系严虹供述在前,乔金生交代在后;但即使如此,在238.6326万元总数额中,185万元相对该53.9178万元(或15万元)来说明显属于主要的犯罪事实,故而,依法理应认定乔金生涉嫌的所有受贿行为成立自首,从而对乔金生的受贿行为从轻或减轻处罚。

三、关于乔金生犯罪后的坦白情节及态度问题

卷中证据显示:乔金生归案后态度端正,积极配合办案机关的调查工作,积极坦白自己涉嫌犯罪的事实,并认罪悔罪认罚,依法应对其从轻处罚。

而且,乔金生及其家属主动上交受贿犯罪所得的全部赃款和其他违纪款共计700多万元,依法亦应考虑对之从宽处理。

四、关于乔金生的刑罚执行及羁押必要性问题

根据辩护人提供的乔金生的病历以及某省监察委员会、某县市人民检察院的相关法律文书,特别是乔金生在法庭的状况,可知乔金生身患多种疾病,日常生活行动不便,而且这些疾病随时危及其生命健康,甚至有引发传染病流行的极大可能,故请求法庭对其定罪后如何执行刑罚进行审查。

乔金生从2000年患糖尿病至2019年12月,将近20年,目前属于糖尿病重病Ⅱ型。数年来,乔金生一直靠注射胰岛素并同时配合吃药才能维持身体健康;现今在看守所中,其一天注射4次胰岛素(分别在三餐前和晚上9点),同时需要配合吃药。根据医学常识,糖尿病人的药量应该根据身体情况及时调整才行,否则容易引发危及生命的风险。而且乔金生因糖尿病已经引发6种并发症,目前需要干警或别人的帮助才能正常生活。同时,乔金生身患高血压3级疾病(高危),时常头晕目眩,甚至短暂休克、昏迷过多次。

另外,乔金生身患3种随时可能引起其瘫痪残疾的疾病,1种容易引发传染病的疾病。(1)双侧股骨头坏死,目前乔金生在看守所靠他人帮扶才能行走;双侧颈动脉斑块形成,持续显现头疼、头晕症状。(2)视网膜出血,这导致乔金生随时有失明的风险。(3)乔金生全身大面积皮肤溃疡(特别是四肢)愈加严重,可能导致难以愈合的后遗症。(4)由于乔金生所患肺结核病没有及时、完全地治疗,不但其自己正常呼吸受到影响,而且随时可能有引发传染病的风险。

关于乔金生的羁押必要性问题,我们在审查逮捕阶段、审查起诉阶段,以及审判过程中已经多次向相关部门及法庭提出过申请,但均被否定。现根据乔金生的目前身体状况,恳请法庭在对乔金生定罪量刑时,同时决定对其暂予监外执行。

23 张三友贪污案

——贪污未遂且数额不大的行为，因缺乏严重的社会危害性，不宜追究其刑事责任

【案情简介】

张三友系山西省忻州市某县城郊某村的村支书兼村主任。因该村地处山区，村里经济不景气，村委会的日常开支比较拮据。村委会成员经集体研究后决定，可在上级政府和各业务主管部门下发给村民的专项补贴中，提取一部分作为村集体的费用开支，具体事宜一般由张三友与村会计张聘两人商议后决定。

2012 年春季，上级农业主管部门为兴建基本农田灌溉设施，规定该县各村每自行筹资打一口水井，就补助 5000 元。张三友在村里进行了宣传和布置，号召村民首先在各自承包的基本农田自筹资金打井，对于事后补助的 5000 元，村里提成 1000 元作为管理费，其余 4000 元归打井人所有；如果自筹资金在他人地里打井（他人无钱打井），则每口井村里提成 500 元，发给打井人 4500 元。当时在本地雇人打一口灌溉用井的费用仅 3800 元左右。村里有人在自己的承包地里打井后顺利拿到补助 4000 元；在他人地里打井的，每口井也拿到补助 4500 元。在发放补助时，张三友对会计说自己平时到乡里开会、日常接待上级领导时曾经垫付过费用 4 万余元，想在该次打井专项补助提取的资金中报销。会计同意后，张三友就拿了一些发票和一些个人签字的白条共计 4.5 万元交给会计入账。在该 4.5 万元尚未领取时，张三友因被人告发，被检察机关立案侦查并被采取强制措施。

【追诉经过】

张三友被检察机关以涉嫌贪污罪立案侦查；侦查终结后，以其成立贪污罪移送审查起诉部门；审查起诉部门以其成立贪污罪移送至某县人民法院。某县人

民法院经开庭审理后，依法判决张三友成立贪污罪（未遂），判处有期徒刑 1 年，缓期 3 年执行。张三友不服一审判决，提起上诉；二审法院经书面审理，裁定驳回上诉，维持原判。

张三友在缓刑考验期满以后，一直持续提出申诉，引起相关政法部门和司法部门的关注。2019 年，最高人民法院对本案立案审查，决定再审。再审判决张三友无罪。

【争论要点】

1. 张三友是否成立犯罪；若成立犯罪，成立贪污罪抑或职务侵占罪。

2. 能否根据《刑法》第 13 条但书的规定，不认为张三友的该行为为犯罪行为。

【辩护思路】

首先，根据侦查卷宗中的证据，以及我们调查、收集的相关证人证言，可以证实本案中确实存在张三友为村集体事务而多次垫付费用的事实；虽然无确凿证据证明该 4.5 万元拟报销款均为张三友垫付的资金，但亦无充足的证据证实该 4.5 万元均系张三友虚构的垫付事项开支。根据刑事诉讼法规定的存疑时有利于被告人原则，不能认定该 4.5 万元系张三友侵占国家或村集体的财产。

其次，即使该 4.5 万元开支是张三友虚构的，但是其拟用来报销该 4.5 万元的资金属于村集体的资金，张三友非法占有村集体的资金，即使成立犯罪也应成立职务侵占罪，而非贪污罪。因为从打井补贴中提取的款项，已经不具有国有财产的性质。

再次，即使张三友的行为符合贪污罪或职务侵占罪的犯罪构成，但基于本案犯罪未遂和犯罪数额不大的原因，也应依照《刑法》第 13 条但书的规定，不认为是犯罪。

最后，即使最终认定张三友的行为成立犯罪，亦可以《刑法》第 37 条“犯罪情节轻微不需要判处刑罚的，可以免予刑事处罚”的规定，对张三友免予刑事处罚。

【辩词摘要】

一、张三友不成立贪污罪

（一）张三友不具备贪污罪的主体身份

张三友非国家工作人员，不符合贪污罪的主体身份之一般规定。《刑法》及《全国人民代表大会常务委员会关于〈中华人民共和国刑法〉第九十三条第二款的解释》规定，村干部在协助上级政府从事公务时，可以按照国家工作人员论。本案中，5000 元的财政补贴费虽然说是上级财政部门的专项资金，但该专项资金应该依法支付给打井的农户。为了管理的方便，上级政府才将统计、验收水井的职责赋予村委会，资金也打入村委会账户，由村委会代为发放。在向农户发放该资金的过程中，村干部属于协助政府履行公务，但在该环节张三友并未有侵占该专项资金的行为；至于村委会就每口井提成的 1000 元（或 500 元），最终也归村委会占有和支配，不再属于协助上级政府支配该款，故而也不属于贪污行为。张三友拟用来报销的资产的所有权实际上归村委会所有，属于村集体财产；即使张三友对该报销的资金具有通过虚构事实进行骗取、侵吞的行为，也因不符合贪污罪主体身份和犯罪对象的规定，依法不能成立贪污罪。

（二）张三友所述的为村里公务垫付费用的事实确实存在

因村里经济拮据，村干部（不限于张三友）经常垫付资金从事村集体事务，等之后搞来钱后再报销。卷宗中的证据亦证实，几乎所有的村干部都有类似的垫付费用情况，这也从侧面佐证了张三友为村集体公务垫付费用的事实。这些垫支的款项依法依情依理应该在村集体账上报销。之所以打一口井上级补助 5000 元，而村集体需要提出 1000 元（或 500 元）的管理费用，正是为了解决村集体的欠账问题和村干部的垫付费用问题——这个事情全村的群众其实都是知道的，并无任何群众对村集体每口井提成 1000 元（或 500 元）有过意见。

如此，张三友的行为不符合贪污罪的客观要件构成。不可否认，可能会出现张三友垫付的款项少而拟报销的款项多的情形，但是刑事诉讼中给人定罪是要严格依法根据证据定罪量刑的，而不能依靠猜测或所谓的自由心证来对行为人进行定罪量刑，这是与现行法律规定明显违背的。

除非公诉机关有确切的证据证实张三友的哪些报销凭证不是为村集体公务的开支、不是垫付的，才可以将其作为侵占行为来认定，其他情形下均不能认定张三友有侵占行为。

（三）张三友等村干部每口井提成1000元（或500元）管理费的行为，具有合理性

贪污罪是国家工作人员采取侵吞、窃取、骗取的方式，非法占有公共财产的行为。本案中，张三友等村干部明显是以村集体的名义，为村集体的利益而截留或侵吞专项补贴款的，且提成、截留所得归村集体所有。依据现行刑法总则规定及学理通说，若该行为成立犯罪，理应成立单位犯罪。鉴于贪污罪并无单位犯罪的明文规定，故而村集体依法不能成立贪污罪，相应地，村集体负责人员如张三友等，依法亦不成立贪污罪。

二、张三友即使成立犯罪，也属犯罪未遂，应该依据《刑法》第13条但书的规定不认定为犯罪，至少应当对其免予刑事处罚

首先，如果将张三友把自己为村集体的公务所垫付支出的凭证交给村会计，村会计记入村集体账上，拟在该打井管理费中报销的系列行为认定为贪污行为的话，那么因张三友在拿到报销款之前就被司法机关立案侦查并采取刑事强制措施，直到本案二审审理终结都未能拿到该报销款项，其也只能成立贪污犯罪未遂。

其次，贪污罪的成罪数额一般情况下是5000元整，但这是针对既遂的情形而规定的，司法实践中，一般很少有贪污未遂而给予刑事处罚的案例出现。如果认定张三友成立贪污罪（未遂），理应根据《刑法》第13条但书“情节显著轻微危害不大的”规定，不认定为犯罪。

最后，即使认定张三友成立贪污罪（未遂），考虑到其行为情节轻微、社会危害性不大，也应依据《刑法》第37条的规定，对其免予刑事处罚。

本案中，侦查机关对张三友采取强制措施长达2年之久，如果最后仅按贪污4.5万元（未遂）来对其追究刑事责任，实在超出正常社会公众对刑事司法的认知。

24 孟玉兵行贿案

——单位的实际控制人以个人名义,用单位资金、为单位利益行贿的,成立行贿罪

【案情简介】

河南金创欣实业集团公司(以下简称金创欣公司)董事长孟玉兵,为了让时任汝州市委书记的李某某能在该集团公司下属公司的营商、发展中给予公平对待,同时也为了加快对该集团公司下属项目公司正在审批项目的进程,分数次送给李某某55万元现金。李某某收到孟玉兵所送现金后,承诺给予帮忙。另外,孟玉兵在2010年至2013年的春节前,分4次共送给李某某礼金8万元。

【追诉经过】

某县监察机关接受上级监察机关的指定,对孟玉兵以行贿罪立案调查,调查终结后以孟玉兵涉嫌行贿罪移送某县检察机关审查起诉。某县检察机关以孟玉兵成立行贿罪移送县人民法院审判。县人民法院一审判决孟玉兵成立行贿罪,判处其有期徒刑3年,缓期4年执行,并处罚金20万元。

【争论要点】

1. 孟玉兵成立行贿罪还是单位行贿罪,其行贿的数额为多少。

2. 孟玉兵配合上级监察机关侦破李某某重大腐败案件的行为,是否属于"对侦破重大案件起关键作用"。

3. 孟玉兵通过行贿李某某,意图加快其公司审批事项的程序,是否属于"谋取非法利益"。

4. 能否对孟玉兵判处罚金。

【辩护思路】

首先,我们立足本案的基本事实即“身为金创欣公司的董事长及实际控制人的孟玉兵,为单位利益,以单位名义行贿”,反驳公诉机关认定该案为自然人行贿罪的观点,以争取审理法院对孟玉兵的从轻处罚。

其次,我们将孟玉兵向李某某的行贿数额与其他20余人向李某某的行贿数额进行横向比较评析,突出孟玉兵行贿情节的相对轻微性,从而争取法庭对孟玉兵的从宽处罚。

再次,我们论证了孟玉兵具有的多项从轻处罚情节:坦白、认罪认罚、立功等,争取法院能对之免予刑事处罚;或至少能考虑到孟玉兵的身体原因,对之适用缓刑。

最后,我们论证了本案如认定为自然人犯罪,则因孟玉兵行贿行为发生在《刑法修正案(九)》之前,依法不应对孟玉兵并处罚金。

【辩词摘要】

一、本案系单位行贿罪,而非行贿罪

本案卷宗中的证据、监察机关的起诉意见书、检察机关的起诉书以及当庭查清的事实已经证实孟玉兵系金创欣公司董事长,是该公司的实际控制人。金创欣公司在经营、发展的过程中,需要当地政府相关部门的支持和配合,但相关部门的主管人员及办事人员时常故意刁难该公司的正常业务办理。在此情形下,作为金创欣公司的实际控制人暨董事长,为了该公司及其下属企业、关联企业能得到公平的对待,为了该公司的利益,孟玉兵决定以该公司董事长的名义,用该公司及其下属公司的资金,向时任汝州市委书记的李某某行贿,行贿行为所得利益归集团公司享有,孟玉兵的行为理应属于单位犯罪。

卷宗中有诸多证人的证言,对孟玉兵系金创欣公司的实际掌控人给予证实。虽然金创欣公司在工商登记机关登记的股东是别人,但因孟玉兵系该集团的创始人和投资者,且其他股东实际上均是代持孟玉兵的股份(实际的股权所有人仍是孟玉兵);故而,该集团公司的管理、经营,以及重大事项的决定权平时均归孟玉兵一人享有。孟玉兵的个人行为实际上就是金创欣公司的单位行为,金创欣公司的单位行为实际上就是孟玉兵的个人行为。

金创欣公司下属的公司，以及一些其他金创欣公司投资的公司，实际上均归金创欣公司所完全控制，仅是为了贷款、经营方便而刻意设立的；这些公司的管理和资金调配等权力亦归孟玉兵所享有。

根据《刑法》第393条之规定，对单位行贿罪的处罚明显轻于对行贿罪的处罚。退一步讲，即使法庭认定孟玉兵成立行贿罪，但至少在对孟玉兵量刑时应考虑到上述情节，对孟玉兵从宽处罚。

二、孟玉兵涉嫌的行贿数额不大，且没有谋取非法利益

孟玉兵虽对检察机关指控的行贿63万元认罪认罚，但是否应按照行贿63万元对孟玉兵量刑有待商榷。孟玉兵在2010年至2013年的春节前分4次送给李某某的8万元，并没有具体的请托事由，李某某收取上述礼金后，也没有作出为孟玉兵谋利的承诺，依理不宜计入行贿罪的数额。故而，孟玉兵的行贿数额应为55万元，而不是检察机关指控的63万元。

孟玉兵向李某某行贿的目的是想让政府及相关职能部门能够加快针对金创欣公司营商事务的办理进度，并不是出于谋取非法利益的目的。孟玉兵的金创欣公司在汝州市是一个大的集团公司，与政府有很多经济上、项目上的往来，在日常与政府工作人员的沟通中，孟玉兵及其下属员工时常遇到政府工作人员，特别是时任汝州市委书记李某某的故意刁难，其在万般无奈之下，仿照别的商家、企业的做法，被动向李某某行贿——这与一般主动行贿谋取非法利益的行贿行为有显著的区别，办案机关在办理本案时对该情形应给予充分的考量。

三、孟玉兵具有坦白情节，且认罪悔罪认罚，应对之从轻处罚

监察机关的起诉意见书认定"孟玉兵在调查期间态度端正，积极配合调查"，该情节属于《刑法》第67条第3款规定的"坦白"情节，应该考虑对孟玉兵从轻处罚。而且，孟玉兵当庭认罪悔罪认罚，愿意主动缴纳审判机关拟判处的罚金，争取审判机关的从宽处理。根据我国现行的刑事政策精神、相关的司法解释及案例，应考虑对孟玉兵从轻处罚。

四、孟玉兵对侦破重大案件起关键作用，应考虑对其免除刑事处罚

孟玉兵的"态度端正，积极配合调查"，使当年河南省的特大贪官李某某（副厅级干部）受贿一案得以顺利侦破。孟玉兵的上述情节符合《刑法》第390条第2款"对侦破重大案件起关键作用"之规定，依法对孟玉兵"可以减轻或者免除处罚"。

孟玉兵的行为符合单位行贿罪的犯罪构成,而单位行贿罪的法定刑为5年以下有期徒刑或拘役(不管多大的数额,最高法定刑为5年有期徒刑),并处罚金。孟玉兵代表单位行贿的数额不大(仅55万元)——关联案件中向李某某行贿的数额大多在100万元以上,最高的行贿数额达到单笔500万元之巨。可见,孟玉兵的行贿犯罪情节明显轻于其他行贿人的行贿犯罪情节,根据罪责刑相适应原则,应该横向比较向李某某行贿的20余人(包括单位)的行贿情节,对孟玉兵的行贿行为给予免除处罚的裁定;加上孟玉兵符合免除处罚(对侦破重大案件起关键作用)的规定,法庭应优先考虑对之免予刑事处罚。

五、孟玉兵符合缓刑条件,至少应对之适用缓刑

首先,孟玉兵行贿数额不大,依据司法惯例应在3年以下有期徒刑量刑幅度内量刑,符合缓刑的刑期条件。孟玉兵认罪悔罪认罚,决心痛改前非、永不再犯;且愿意积极缴纳罚金,符合缓刑的主观条件。

其次,孟玉兵身患多种疾病,其中肝病、胃病具有很长时间的病史,至2019年12月仍然没有痊愈。在看守所羁押期间,其肝病多次复发,靠经常吃药才能维持生命健康。因此,需要对其适用非羁押的刑罚执行方式,以避免危及其生命的不测情形发生。

最后,孟玉兵于1988年创办的金创欣公司,目前已经发展壮大为集团公司,控制诸多子公司,且这些子公司现在又有多个经合法程序批准的经营项目,其中部分项目为关乎民生的重点工程。因孟玉兵被羁押,这些工程多数已停工,引发了群体性上访事件,因而需要孟玉兵出面来处理。

综上所述,辩护人认为应对孟玉兵按照单位行贿罪定罪处罚,并对其免予刑事处罚,至少应对之适用缓刑。

六、若认定孟玉兵的行为构成行贿罪,不能对其判处罚金

刑法原本规定的行贿罪并没有并处罚金的规定,直到2015年《刑法修正案(九)》对行贿罪的罪状进行修订后,才增设了并处罚金的规定;同时,相关的司法解释亦根据社会政治、经济形势的发展变化,提高了行贿罪、受贿罪、贪污罪等罪名的成罪数额标准及量刑幅度。本案中孟玉兵的行贿行为均发生在2015年之前,故应该根据修订前的刑法规定,仅可判处其有期徒刑,而不能判处其罚金——这是从旧兼从轻原则的基本要求。

公诉人员在本案中坚持一个观点:修订后的刑法虽然增设了罚金刑,一般情形下加重了行贿罪的刑罚处罚幅度,但因相关配套的司法解释已经提高了行贿罪的数额标准,所以实际上相当于降低了本罪的监禁刑的刑罚幅度。故而,根据从旧兼从轻原则,理应适应修订后的刑法规定,可以对孟玉兵判处有期徒刑的同时并处罚金。我们对该观点并不认同:第一,刑法的修订使该罪在原没有罚金刑的基础上增设了罚金刑,其修订刑法的本意明显是期望加重对该罪的刑罚处罚,而不是减轻对该罪的刑罚处罚。第二,司法解释的效力本来就低于刑事立法,而且其也仅是在原来立法规定的具体量刑幅度内对数额进行了修订,对该罪最终的定罪量刑并不具有决定性的作用。因此,根据有利于被告人的现代刑事法的基本精神,理应对孟玉兵的该行贿行为既要依照修订前的刑法规定仅能判处有期徒刑而不能并处罚金,又要根据最新的司法解释规定对其有期徒刑的具体刑期进行把握。

25 武同庆国有公司人员滥用职权案

——国有公司负责人滥用职权，指使下级公司单方解除正在履行的民事合同，造成国有资产严重损失的，成立国有公司人员滥用职权罪

【案情简介】

义城煤业集团股份有限公司（以下简称义城集团）系渑池龙沟矿业有限责任公司（以下简称龙沟公司）的控股股东。2010年10月至2016年9月，龙沟公司与河南省渑池县随营矿产品有限责任公司（以下简称随营公司）就合作开采龙沟深部铝土矿达成一系列合作经营合同，双方为履行合同进行了大量的工作，投入了巨额的资金。2018年10月11日，在双方正在依约履行合同期间，龙沟公司在义城集团总经理武同庆的指示下，单方面全部终止与随营公司的合作经营关系。

【追诉经过】

随营公司向省监察委员会举报武同庆等滥用职权的犯罪行为，省监察委员会指定某市监察委员会立案调查本案。调查终结后，某市监察委员会以武同庆涉嫌国有公司人员滥用职权罪移送某县检察机关审查起诉，某县检察机关以武同庆构成国有公司人员滥用职权罪移送某县人民法院审判。县人民法院一审判决武同庆构成国有公司人员滥用职权罪，判处其有期徒刑2年，缓期3年执行。一审判决后，武同庆没有上诉，检察机关没有抗诉，一审判决发生法律效力。

【争论要点】

1. 武同庆指使下级单位龙沟公司单方解除正在履行的合作经营合同，从而给国有资产造成重大损失的行为，是否成立国有公司人员滥用职权罪。

2. 龙沟公司是否应该继续履行其与随营公司之前签订的合作经营合同。

【代理思路】

首先,笔者立足于本案基本事实,论证义城集团、龙沟公司单方面解除合作经营合同、终止龙沟公司与随营公司合作关系的行为构成严重违约,该行为不仅造成随营公司遭受巨大经济损失,而且也造成龙沟公司国有资产的巨大损失。

其次,笔者根据我国现行法律法规和司法解释的规定,结合相关法学理论,论证武同庆、龙沟公司相关人员擅自解除合作经营合同的行为涉嫌国有公司人员滥用职权罪。

最后,笔者结合武同庆在龙沟公司单方、违法解除正在履行的合作经营合同中的作用、地位,论证武同庆符合国有公司人员滥用职权罪的主体要件、主观要件、客观要件和客体要件。

【代理词摘要】

一、本案基本事实的述评

1. 2010 年 10 月 15 日,龙沟公司与随营公司签订《合作协议书》,约定"甲方(龙沟公司)负责尽快办理龙沟深部铝土矿采矿证,并为准备工作提供相关的文件、手续、证明、证件及资料等";"乙方(随营公司)负责先期准备工作,初期准备工作所发生的一切费用均由乙方承担,与甲方无关";"拟开采范围:龙沟深部铝土矿分布范围内 55 勘探线以北、62 勘探线以西至边界位置,不得无故越界施工"。

2011 年 8 月 11 日,龙沟公司与随营公司签订《合作意向书》,约定"铝石基建工作完成以后,龙沟公司西区铝矿与随营公司合作开发。龙沟矿区深部铝土矿分布范围 F20 断层以北至龙沟公司上部边界";"具体合作经营办法及结算模式,待采矿证办理完毕及设计结束后,双方协商解决"。

2014 年 8 月 29 日,龙沟公司与随营公司在《合作意向书》的基础上签订了正式的《协议书》,约定:"采矿证办理完毕,设计完成后,龙沟公司与随营公司合作开发。矿区西部的部分基建工程和巷道工程交由随营公司施工。""具体实施参照 2010 年 10 月 15 日龙沟公司与随营公司协议模式。"

2015 年 6 月 19 日,龙沟公司和随营公司在《协议书》的基础上,就开采费用的收取、开采期限、相关证照的办理等签订了《补充协议》。其中,对于办理证照,

《补充协议》约定:"(龙沟公司)开采设计完成并评审通过后,尽快完成煤铝联采安全生产许可证等相关证照的办理工作。""(随营公司)协助甲方(龙沟公司)尽快完成办证、取证工作。"

根据上述合作意向书、协议书和补充协议,煤铝联采安全生产许可证等相关证照的办理均由龙沟公司主要负责,随营公司协助。

2. 2016 年 9 月 26 日,龙沟公司与随营公司签订《铝土矿承包经营合同》,就承包范围、方式、费用、期限及双方权利义务作了明确规定。与之前的合作意向书、协议书、补充协议不同的是,该承包经营合同有三个特别之处:一是更改了办理证照的责任方。该承包经营合同约定:"甲方(龙沟公司)有义务及时出具甲方有效的证件及文本,协助乙方(随营公司)办理相关开采施工手续等事宜。""(乙方)负责所有开工手续办理。施工前乙方向甲方提交环评、安评、水土保持、地质灾害防治、土地使用等各种证照、资质及手续,并提交初步设计及安全专篇、施工图纸、安全生产许可证办理以及水土保持、土地复垦、环境保护、地质灾害防治等相关资料及批复文件;费用由乙方负责。"二是规定了合同作废条件。该承包合同约定:"两年内若所有开工手续不能办理完成,本合同自动作废。"三是规定了合同生效条件。该承包合同约定:"本合同履行内部决策程序后生效;未尽事宜,双方另行协商解决。"2017 年 10 月 9 日,随营公司股东会通过了《铝土矿承包经营合同》,履行了对该合同的内部决策程序。

2018 年 10 月 11 日,龙沟公司向随营公司作出《关于〈铝土矿承包经营合同〉作废的告知书》,称:"根据贵公司 2016 年 9 月 26 日与我公司签订的《铝土矿承包经营合同》第 4 条违约责任之第 6 款'两年内若所有开工手续不能办理完成,本合同自动作废'约定,截至 2018 年 9 月 26 日该合同项目未能完成合同约定内容,故此,所签署的《铝土矿承包经营合同》作废。"之后,龙沟公司拒绝向随营公司提供办理安全生产许可证所需要的相关资料,双方合作关系彻底终止。至此,随营公司投入涉案铝土矿的借款及利息、租车费用、护矿人员工资、护矿人员伙食费、租地费用等各项开支,高达 2000 多万元。

2019 年 2 月 27 日,河南金苑律师事务所受随营公司委托,向龙沟公司送达《关于随营公司与龙沟公司合作开采铝土矿的律师函》,告知龙沟公司应该依法继续履行合同。

二、龙沟公司单方面解除《铝土矿承包经营合同》、终止合作关系，其行为构成违约

1. 龙沟公司解除《铝土矿承包经营合同》的依据错误，其解约行为构成违约

2018 年 10 月 11 日龙沟公司《关于〈铝土矿承包经营合同〉作废的告知书》显示，龙沟公司解除《铝土矿承包经营合同》依据的是《铝土矿承包经营合同》第 4 条违约责任中关于“两年内若所有开工手续不能办理完成，本合同自动作废”的规定。我们认为，合同约定的作废条件没有成就，龙沟公司解除《铝土矿承包经营合同》的依据错误。这是因为：

第一，龙沟公司解除合同的时间依据错误。《铝土矿承包经营合同》对于合同自动作废的时间规定的是“两年”。对于该“两年”的起算，龙沟公司是以合同签订的时间作为时间起点。2018 年 10 月 11 日龙沟公司《关于〈铝土矿承包经营合同〉作废的告知书》以合同系 2016 年 9 月 26 日签订，至 2018 年 9 月 26 日合同项目未能完成合同约定内容为由，宣告合同作废。对此，我们认为，龙沟公司的这一依据是错误的。合同内的所有时间，除特别约定的以外，都应从合同生效之日起开始计算。我国《合同法》第 45 条第 1 款[①]规定：“当事人对合同的效力可以约定附条件。附生效条件的合同，自条件成就时生效。附解除条件的合同，自条件成就时失效。”本案中，《铝土矿承包经营合同》明确规定“本合同经履行内部决策程序后生效”。该约定显然是考虑到合同涉及的事项属于公司经营的重大事项，需经股东会表决通过。而且，“履行内部决策程序后”必须是龙沟公司和随营公司都履行完内部决策程序后。因此，《铝土矿承包经营合同》约定的“两年”是龙沟公司、随营公司均履行完内部决策程序后的两年，而非合同签订后的两年。

本案中，2017 年 10 月 9 日随营公司《关于随营公司与龙沟公司 2016 年承包经营合同效力的通知》和股东会决议显示，随营公司直到 2017 年 10 月 9 日才履行完内部决策程序，由公司股东会表决通过。因此，按照《铝土矿承包经营合同》的约定，“两年”时间最早应从 2017 年 10 月 9 日开始起算（如果龙沟公司履行完内部决策程序的时间晚于随营公司，则以龙沟公司履行完内部决策程序之日开始起算），即至 2019 年 10 月 9 日结束。龙沟公司以合同签订时间作为“两年”时

---

① 该法已废止，对应《民法典》第 158 条。

间的起算标准，于2018年10月11日宣布《铝土矿承包经营合同》作废，依据错误，构成违约。

第二，龙沟公司解除合同的内容依据错误。如前所述，《铝土矿承包经营合同》关于合同作废约定的条件是两年内“所有开工手续不能办理完成”。从表述来看，“所有开工手续不能办理完成”不同于“不能办理完成所有开工手续”，前者包含了两种不同的意思：一种意思是没有办理完成所有的开工手续，另一种意思是任何手续都没有办理完成。考虑到双方的合作开始于2010年，至2016年该承包经营合同签订前的6年间，龙沟公司只依照双方约定办理了极少的手续，《铝土矿承包经营合同》所称的“所有开工手续不能办理完成”完全不排除是指任何手续都没有办理完成。从这个角度来看，龙沟公司仅从对其有利的角度理解合同条款并宣布合同作废，依据错误。

2. 龙沟公司宣布解除《铝土矿承包经营合同》后完全终止与随营公司的合作关系，其终止合作行为构成违约

本案证据材料显示，龙沟公司在单方面宣布《铝土矿承包经营合同》作废后拒绝提供办证资料，双方的合作关系完全终止。对此，我们认为，《铝土矿承包经营合同》与双方先前签订合同的关系表明，即便《铝土矿承包经营合同》作废，龙沟公司与随营公司的合作关系仍然存在。龙沟公司单方面终止与随营公司的合作关系，已构成违约。这是因为：

第一，《铝土矿承包经营合同》与双方先前签订合同之间的补充关系决定了双方的合作关系不能终止。2016年9月26日龙沟公司与随营公司签订的《铝土矿承包经营合同》明确规定，该承包经营合同订立的依据包括“前期龙沟公司与随营公司签订的铝土矿开发《协议书》《补充协议》有关条款”。2014年8月29日龙沟公司与随营公司签订《协议书》的第7条规定：“具体合作经营办法及结算模式，待采矿证办理完毕及设计完成取得铝矿石开采安全生产许可证后，签订正式铝矿石合同确定。”《铝土矿承包经营合同》是对《协议书》的具体化规定。这表明，龙沟公司与随营公司签订的《协议书》是一个在先的主协议，而《铝土矿承包经营合同》只相当于《协议书》的补充协议。补充协议的解除不能导致主协议的解除。因此，即便《铝土矿承包经营合同》解除，双方的合作关系也不能终止。

第二，《铝土矿承包经营合同》与双方先前签订合同内容的独立性决定了双方的合作关系不能终止。从合同内容上看，《铝土矿承包经营合同》一方面将龙

沟公司、随营公司先前签订的《协议书》《补充协议》部分内容具体化；另一方面在办理证照的义务主体上进行了调整，将《协议书》《补充协议》约定原本由龙沟公司主要负责、随营公司协助的办理证照义务，修改为由随营公司主要负责、龙沟公司协助。但这些只是对先前合同的部分条款的落实和变更。《铝土矿承包经营合同》与双方先前签订的《协议书》《补充协议》在合同效力上是各自独立的，内容也具有相对的独立性。因此，即便《铝土矿承包经营合同》失效，龙沟公司、随营公司之前签订的《协议书》《补充协议》也不失效，而是应当得到履行，它们之间的合作关系不能终止。

可见，龙沟公司单方面解除《铝土矿承包经营合同》、终止与随营公司的合作关系，依据错误，其行为已构成违约。

三、义城集团、龙沟公司相关人员擅自解除合同、终止合作关系，势必会造成国有公司严重损失，其行为构成国有公司人员滥用职权罪

根据我国《刑法》第168条的规定，国有公司人员滥用职权罪是国有公司的工作人员，由于滥用职权，造成国有公司破产或者严重损失，致使国家利益遭受重大损失的行为。该罪成立的主要条件包括：一是主体条件，即必须是国有公司的工作人员；二是行为条件，即必须实施了滥用职权行为；三是结果条件，即造成国有公司破产或者严重损失，致使国家利益遭受重大损失。本案中，义城集团、龙沟公司相关人员擅自解除合同、终止合作关系，势必会造成国有公司损失严重，其行为构成国有公司人员滥用职权罪。这是因为：

第一，义城集团、龙沟公司相关负责人属于国有公司人员。本案录音材料显示，促使龙沟公司作出解除《铝土矿承包经营合同》决定的是义城集团的相关负责人（主要是总经理武同庆）。而从公司性质上看，无论是义城集团还是龙沟公司都属于国家出资企业（国家出资企业包括国有独资公司、国有资本控股公司、国有资本参股公司）。2010年11月26日发布的《最高人民法院、最高人民检察院关于办理国家出资企业中职务犯罪案件具体应用法律若干问题的意见》规定："国家出资企业中的国家工作人员在公司、企业改制或者国有资产处置过程中严重不负责任或者滥用职权，致使国家利益遭受重大损失的，依照刑法第一百六十八条的规定，以国有公司、企业人员失职罪或者国有公司、企业人员滥用职权罪定罪处罚。"据此，无论是义城集团的相关负责人还是龙沟公司的相关负责人都属于国家出资企业中的国家工作人员，符合国有公司人员滥用职权罪的主体要求。

第二,义城集团、龙沟公司相关负责人擅自解除合同、终止合作关系,涉嫌滥用职权。参照《最高人民检察院关于渎职侵权犯罪案件立案标准的规定》,滥用职权罪是指国家机关工作人员超越职权,违法决定、处理其无权决定、处理的事项,或者违反规定处理公务,致使公共财产、国家和人民利益遭受重大损失的行为。本案中,如前所述,龙沟公司单方面解除其与随营公司签订的《铝土矿承包经营合同》、终止双方合作关系的依据错误。同时,委托方提供的录音资料显示,解除合同的决定主要是由义城集团的相关负责人作出的。虽然义城集团是龙沟公司的控股股东,但龙沟公司毕竟是具有独立法人资格的公司,义城集团相关负责人直接决定龙沟公司的重大事项,不符合公司正常决策程序。因此,义城集团、龙沟公司相关负责人擅自决定解除该承包经营合同、终止龙沟公司与随营公司的合作关系,涉嫌滥用职权。

第三,义城集团、龙沟公司相关人员解除协议、终止合作关系,势必会造成国有公司严重损失。2010 年《最高人民检察院、公安部关于公安机关管辖的刑事案件立案追诉标准的规定(二)》第 16 条规定:“国有公司、企业、事业单位的工作人员,滥用职权,涉嫌下列情形之一的,应予立案追诉:(一)造成国家直接经济损失数额在三十万元以上的;(二)造成有关单位破产,停业、停产六个月以上,或者被吊销许可证和营业执照、责令关闭、撤销、解散的;(三)其他致使国家利益遭受重大损失的情形。”本案中,龙沟公司与随营公司就涉案铝土矿进行了长期合作,有较大投入。其中,委托方提供的涉案铝土矿借款及利息、租车费用、护矿人员工资、护矿人员伙食费、租地费用等材料显示,相关支出已高达 2000 多万元。按照龙沟公司与随营公司签订的《协议书》、《补充协议》和《铝土矿承包经营合同》,这些费用本应由随营公司承担。一旦解除协议、终止合作关系,龙沟公司势必要承担相应费用,并承受因铝土矿开发不当延迟带来的损失。对于龙沟公司而言,这是额外的支出和损失,也是国家利益的重大损失。

可见,义城集团、龙沟公司相关负责人擅自解除合同、终止合作关系,可能涉嫌滥用职权,且势必会造成国有公司严重损失,其行为构成国有公司人员滥用职权罪。

26 尹立金滥用职权案

——执行判决过程中徇私舞弊滥用职权，致使当事人和其他人的利益遭受特别重大损失的，应按照执行判决滥用职权罪从重处罚

【案情简介】

尹立金系某市中级人民法院执行局法官，负责具体办理浦发银行郑州分行申请执行益丰矿业公司、环盛电力公司的民事执行案件。该案的执行过程中，因益丰矿业公司、环盛电力公司没有现金可以执行，法院准备拍卖益丰矿业公司名下的两个采矿权用于清偿欠款。三门峡曹隆公司的实际控制人张辉旗得知该拍卖信息后，通过各种手段结识、勾结尹立金，想低价购买该两个采矿许可证。尹立金在接受张辉旗的请托后，假借领导名义，违反最高人民法院关于人民法院拍卖工作的规定和河南省高级人民法院、该市中级人民法院的规定，在法定的鉴定评估机构名录之外聘请没有鉴定资格的鉴定机构评估拟拍卖的采矿权，并根据三门峡曹隆公司的自身条件和优势，为其量身定制了参加拍卖的前提条件，从而达到淘汰参与竞拍的其他企业的目的，最终使三门峡曹隆公司以超低价款拍得该两个采矿权，严重损害了益丰矿业公司、环盛电力公司、浦发银行等多家企业的合法权益。

【追诉经过】

环盛电力公司以尹立金涉嫌滥用职权罪向河南省人民检察院提出控告，某市人民检察院接受省人民检察院的指定，对尹立金涉嫌滥用职权案立案侦查；侦查终结后，以尹立金涉嫌滥用职权罪移送至本院审查起诉部门；审查起诉部门以尹立金涉嫌执行判决滥用职权罪移送至某县人民法院审理；县人民法院以尹立金成立执行判决滥用职权罪对其判处有期徒刑 3 年。一审判决作出后，尹立金

没有上诉,检察机关没有上诉,一审判决发生法律效力。

【争论要点】

1. 尹立金的行为成立滥用职权罪还是执行判决滥用职权罪。

2. 尹立金关于法院主管领导指使其违法拍卖的辩解能否予以认定;如果该情节得到认定,是否阻却尹立金滥用职权犯罪的成立。

【代理思路】

首先,笔者通过对本案书证的评析,论证尹立金违法选择评估机构,是导致该案涉案资产被超低价评估的直接原因,从而证实尹立金对浦发银行、益丰矿业公司、环盛电力公司的损失具有滥用职权犯罪的直接故意。

其次,笔者通过对尹立金为帮助三门峡曹隆公司顺利拍得涉案的采矿权,而故意为其量身设定报名参加拍卖企业需具备的前提条件,以及尹立金故意不及时将评估结论告知利害关系人、故意对利害关系人的异议申请置之不理等诸多涉案行为的分析,论证其实施了滥用职权的客观行为。

最后,笔者通过比较分析《刑法》第 399 条与第 397 条的罪状内容,论证应该参照《刑法》第 397 条对徇私舞弊犯滥用职权罪的行为加重处罚的规定,对尹立金从重处罚。

【代理词摘要】

一、尹立金成立执行判决滥用职权罪

1. 尹立金明目张胆地违反《最高人民法院关于人民法院委托评估、拍卖和变卖工作的若干规定》第 7 条"人民法院选择评估、拍卖机构,应当在人民法院委托评估、拍卖机构名册内采取公开随机的方式选定"的规定,其选定的评估机构"北京中瑞金友矿业咨询有限公司"不在人民法院评估机构名册中;最终导致张辉旗与该评估机构串通起来,故意压低两个采矿权的价格,从而拍到了远远低于实际价值、超低价格的拍卖标的。

2. 两个采矿权的煤资源储量是 1490. 4 万吨,可采储量 900. 09 万吨,另有铝土资源储量 43. 64 万吨,可采量 36. 27 万吨,合计评估价值至少应在 3 亿余元,但该评估机构得出的评估价只有 2272 万元。评估价过低,不但不能反映该采矿权真实的价值,而且严重损害了相关当事人的利益。

3. 尹立金没有依法将评估报告通知本案的利害关系人,剥夺了利害关系人对评估报告享有的法定异议权。环盛电力公司是本案的被执行人之一,是本案的利害关系人。依据《最高人民法院关于人民法院民事执行中拍卖、变卖财产的规定》(2004 年已修正)第 6 条第 1 款的规定,人民法院收到评估机构作出的评估报告后,应当在 5 日内将评估报告发送当事人及其他利害关系人。当事人或者其他利害关系人对评估报告有异议的,可以在收到评估报告后 10 日内以书面形式向人民法院提出。本案中,法律法规明文规定的当事人的权利就这样被尹立金刻意侵犯。

4. 尹立金未依法依规对利害关系人的执行异议进行答复。环盛电力公司在得知两个采矿权的评估价值仅为 2272 万元后,即依法对该评估价值提出书面异议书,请求对两个采矿权的价值重新评估,并请求中止对上述两个采矿权的拍卖。对该异议书,尹立金未依法组织听证和答复,也没有向主管领导汇报,就悍然决定本案进入拍卖程序。

5. 在拍卖过程中,尹立金设置种种限制报名条件,以排除其他竞买人,为幕后黑手张辉旗操纵的三门峡曹隆公司低价获取采矿权创造条件。本案拍卖的是益丰矿业公司的采矿权,最终在人为排除其他竞买人后,成功“竞得”采矿权的是三门峡曹隆公司。而三门峡曹隆公司是不具备报名条件的公司,且益丰矿业公司和三门峡曹隆公司当时的实际控制人均为张辉旗。

6. 尹立金以种种借口违法拒绝环盛电力公司代理律师阅卷,掩饰有关拍卖活动的实情。环盛电力公司为维护公司权益委托了原河南通都律师事务所律师刘某某作为代理律师,刘某某律师无数次向尹立金提出阅卷、复印案卷有关材料的请求。除电话联系要求阅卷外,刘某某律师还为阅卷的事情到郑州市中级人民法院执行局 30 多次,但尹立金分别以工作太忙没时间、卷没整理好不能查阅、领导交代不让查阅等各种理由拒绝阅卷。

7. 由于尹立金操纵司法拍卖,非法排除其他竞买人,导致采矿权的拍卖价款过低,浦发银行的债权不能最大程度实现,造成国有资产严重流失,以及环盛电力公司的权益严重受损。

二、尹立金及其辩护人的辩护理由不能成立

1. 尹立金的辩护人认为,在组织拍卖该两个采矿权的过程中,益丰矿业公司所在地的某县政府曾给市中级人民法院发函,建议法院在执行过程中慎重考虑益丰矿业公司职工的生计、慎重考虑社会稳定。益丰矿业公司系某县国有企业改制而成,关于改制后职工的待遇、劳保等问题一直没能妥善解决,公司工人依据不同的主张分成几派,一直在相互告状,无法形成统一的意见和方案。某县政府给市中级人民法院发函仅是告知该纠纷事实,并未让法院在执行中违法执行,亦未提出具体的执行建议,甚至连中标的企业(不同的派别支持不同的企业)是哪个也没有给出意见,对法院的拍卖不会也不应产生任何的影响。正是因为尹立金的违法拍卖,才导致益丰矿业公司的职工情绪反弹极大,出现了更大规模的群体性上访事件,给国家、当地政府制造了很大影响。

而且,某县政府的公函发到市中级人民法院后,负责此事的主管领导仅是将该函的复印件交给了尹立金,并未指使或命令尹立金具体如何办,故而尹立金辩称依据该公函而违规、违法拍卖没有任何事实依据;其说受领导指示而违规、违法拍卖也仅是其一面之词,不可采信。而且,即使领导要求其违法拍卖,尹立金作为一名法官也应该不予服从,其若按照领导意图滥用职权,并不影响其滥用职权罪的成立,最多领导与其一起构成滥用职权犯罪的共犯而已。

2. 尹立金辩称其故意设置参加拍卖企业的条件,使在当时的情况下仅有三门峡曹隆公司一家符合该条件(该公司当时实际控制着益丰矿业公司的公章),是出于对益丰矿业公司全体职工的考虑,因为该公章在法律意义上最能体现全体职工的意思。我们认为尹立金的辩解在逻辑上、常识上均站不住脚——谁拿着公章谁就代表公司吗?进而能代表全体职工吗?

本案中,尹立金当时已经明知,同时也被环盛电力公司的代理律师刘某某多次告知,该公章被张辉旗控制着的一派工人非法控制,故而其应该知道该公章不能代表全体甚至大部分职工的心声。在此情况下,他没有任何法律依据擅自设定该条件,这恰是其滥用职权行为的明显写照。

三、尹立金的上述行为符合《刑法》第 399 条第 3 款执行判决滥用职权罪的规定,应从重处罚

本案卷宗中的书证以及相关司法鉴定意见,足以认定在尹立金的操纵下,实际价值多达 3 亿余元的资产被低价评估为 2000 多万元,并被张辉旗以不正当的手段买下,造成了浦发银行、益丰矿业公司、环盛电力公司的财产权利遭受特别重大损失的结果,依法应对尹立金在 5 年以上 10 年以下的有期徒刑幅度内量刑。

而且,本案中有相关证据证实尹立金曾多次接受张辉旗的吃请,虽然因吃请的具体价款无法得到确定而无法按照受贿罪定罪量刑,但根据《刑法》第 397 条第 2 款“国家机关工作人员徇私舞弊,犯前款罪”的规定,参照没有徇私舞弊情节的滥用职权行为加重处罚的规定,应对尹立金在执行判决滥用职权罪的法定刑幅度内从重处罚。虽然该条规定直接对应的是滥用职权罪,但很明显执行判决滥用职权罪系滥用职权罪的特别法;根据刑法理论,滥用职权罪一般法的规定,亦应适用于特别法规定的执行判决滥用职权罪。

27 张胜平包庇、纵容黑社会性质组织案

——对依法可以和解结案的刑事案件，引导加害方与被害方达成和解协议并依法定程序撤销案件的，即使加害方后来发展成为黑社会性质组织的领导者，亦不属于包庇、纵容黑社会性质组织罪

【案情简介】

张胜平原为某县公安局刑警大队副大队长，2010年3月至2020年本案发生之前，担任该县公安局小淀镇派出所所长。2012年，本辖区内一村干部张声波酒后因琐事与他人发生争吵，张声波打电话叫来其两个弟弟、两个高中的同学一起赶到现场，将对方2人殴打致伤。受害人报案后，张胜平安排值班民警接受报案，依法委托相关法医鉴定机构对受害人伤情进行司法鉴定，鉴定结果显示2人伤势均为轻伤。因属于邻里纠纷发生的冲突事件，双方当事人均同意和解。为了消除矛盾、解决纠纷，张胜平安排办案民警积极介入双方的谈判，最终促使双方达成和解。张声波等赔偿对方20万元；对方出具谅解书，建议派出所不追究张胜平的法律责任。后张声波在办案民警申报的撤案决定书上签字同意，导致该案被撤销。

之后的数年内，张声波组织、领导其弟弟、同学等数人，多次在该县区域从事寻衅滋事、聚众斗殴、强迫交易、非法拘禁等违法犯罪行为。在2019年的扫黑除恶行动中，张声波等被上级公安机关认定为黑社会性质组织，并依法对该犯罪组织的诸多犯罪行为立案侦查。张胜平作为张声波第一次组织、领导违法犯罪活动案件办理的主管领导，以及对张声波违法犯罪的诸多行为没有严厉打击的渎职失职，被以包庇、纵容黑社会性质组织罪立案侦查。

【追诉经过】

某县监察委员会最初对张胜平以包庇、纵容黑社会性质组织罪立案调查，后

变更罪名为滥用职权罪,调查终结后以张胜平涉嫌滥用职权罪移送至县人民检察院审查起诉。县人民检察院以张胜平成立玩忽职守罪起诉至县人民法院,县人民法院以玩忽职守罪判处张胜平有期徒刑 1 年,缓期 2 年执行。一审判决后,张胜平没有上诉,检察机关没有抗诉,一审判决发生法律效力。

【争论要点】

1. 张声波 2012 年实施的故意伤害行为,双方当事人达成和解后,公安机关能否对该案作出撤案处理。

2. 张胜平指使办案民警积极介入双方当事人的和解谈判之中的行为是否合法。

3. 张胜平是否具有包庇、纵容黑社会性质组织罪的主观故意。

4. 张胜平是否成立玩忽职守罪。

【辩护思路】

首先,我们详尽评析张声波涉及 2012 年故意伤害案件的事实、法律适用,论证该案件依法属于告诉才处理的案件;鉴于双方当事人达成和解,被害人申请公安派出所撤销立案。张胜平在该案件办理中的行为属于履行职责的合法行为,不具有犯罪性。

其次,我们详细梳理张声波黑社会性质组织犯罪的卷宗资料,得出张声波的大部分黑社会性质组织犯罪行为并没发生在张胜平派出所的管辖地域内;即使是发生在小淀镇地域内的小部分犯罪行为,也直接归属公安局刑事侦查大队管辖而非归该派出所管辖,从而论证张胜平不具有滥用职权和包庇、纵容张声波黑社会性质组织的故意,也不具有玩忽职守致使张声波黑社会性质组织得以发展、壮大的过失。

【辩词摘要】

张胜平不成立犯罪,理由如下:

一、故意伤害罪(轻伤)属于法律规定的可自诉的案件,当事人双方和解后,可以不予追究刑事责任

根据《刑事诉讼法》的规定以及最高人民法院、最高人民检察院、公安部等部门联合发布的相关意见，故意伤害致人轻伤的，可以作为告诉才处理的案件处理，若被害人不告诉或者撤回告诉，司法机关依法应该对已经立案的刑事案件作出撤案处理。

张声波等故意伤害案件中，双方当事人系同村群众，酒后因琐事发生纠纷，进而发生打架事件，致 2 人轻伤害，属于司法解释规定的可告诉才处理的案件范畴。在当事人双方达成和解，被害人撤回告诉后，公安机关理应依法撤销该刑事立案。

张胜平等依法撤销双方当事人已经达成和解的轻微刑事案件的程序和做法是有法律依据的，是完全合法的，不应该作为滥用职权的违法行为对待，更不能以犯罪来追究其刑事责任。

二、调解纠纷是公安派出所作为治安管理单位的基本职责，张胜平指使办案民警积极介入当事人和解的行为属依职责的合法行为

公安局派出所与公安局刑事侦查大队在本质上存在很大区别，派出所的基本职能是维护当地社会治安，虽然其可以办理本辖区内一些轻微的刑事案件，但重大的刑事案件应该归刑事侦查大队管辖。根据某县公安局的内部制度的规定，张声波等 2012 年的故意伤害案件，本来就应该归属辖区派出所管辖，即使被害人向某县公安局刑事侦查大队报案，某县公安局也仍然会移交给所在地的派出所管辖。

2012 年故意伤害案的双方均系同村的熟人，仅是喝醉酒后因为些许琐事而发生冲突，该案只是临时起意的偶然事件。对于打架后造成 2 人轻伤害的后果，双方当事人均非常后悔，不想该案再继续发酵。故而双方才均主动找人说和，拟达成和解，消除双方的矛盾。这与司法解释将该行为设定为可告诉才处理的立法初衷相吻合，是营造和谐社会所需的刑事政策基本精神的要求。

作为辖区的派出所所长，张胜平负有保一方治安稳定、和谐的职责，其依法安排办案人员积极介入双方调解，促使双方尽快达成和解协议，是其职责所在，是其依法应作的事情，而不是所谓包庇犯罪或滥用职权的犯罪行为。

三、张胜平签字同意撤销 2012 年的故意伤害案件，是依法履行职责的行为

当故意伤害案件的双方当事人达成和解协议，并实际履行完毕后，被害人申请办案机关撤销该刑事立案；办案民警依法依规作出撤销案件的申报，作为派出所负责人的张胜平依法在申报书上签字确认，是依法履行职责的行为。

四、张胜平没有包庇、纵容张声波黑社会性质犯罪组织的客观行为

根据张声波等黑社会性质组织犯罪的卷宗资料显示,张声波的该次犯罪行为被认定为其黑社会性质组织犯罪的第一次犯罪行为。但笔者认为,此时还不能说其黑社会性质组织已经成立,最多属于萌芽状态,故而不能仅因张胜平对该一次行为,且是非黑社会性质组织的犯罪行为的包庇或纵容,就成立包庇、纵容黑社会性质组织罪。

至于张声波在2012年故意伤害事件之后,持续在该派出所辖区内作出的诸多犯罪行为,包括黑社会性质组织的成立,均应由某县公安局刑事侦查大队受理管辖,不属于张胜平派出所的管辖范围,张胜平及其所在的派出所对这些案件不具有合法的管辖权。

五、张胜平没有包庇、纵容张声波黑社会性质组织的故意或过失,也没有滥用职权或玩忽职守的故意或过失

包庇、纵容黑社会性质组织罪是指负有职责的国家机关工作人员明知是黑社会性质的组织而给予包庇,使之不受法律追究的行为。2012年张胜平处理张声波故意伤害罪的案件时,张声波尚不具有黑社会性质组织罪的犯罪,故而明显不能基于该行为认定张胜平具有包庇黑社会性质组织的故意或过失。而且,如前所述,鉴于2012年的故意伤害致人轻伤案件,法律规定可以予以调解,达成和解后可以撤销刑事立案;而刑事案件一旦撤销,相关当事人就不存在就该事件的犯罪问题。故而,张胜平不具有滥用职权或玩忽职守的故意或过失。

六、张胜平及其所在的派出所对张声波领导的黑社会性质组织的犯罪行为不具有管辖权,不存在成立玩忽职守罪的前提条件

法院的判决认定张胜平成立玩忽职守罪的依据是:张胜平作为张声波黑社会性质组织犯罪的主要犯罪地的治安管理单位的负责人,对张声波平时的违法、犯罪行为给予纵容,玩忽职守,才最终导致张声波的黑社会性质组织越来越大、越来越严密,胆子越来越大、犯罪越来越严重——张胜平坐视张声波领导的黑社会性质组织的萌芽、建立和扩大。但是,如上所述:张胜平虽然属于辖区的派出所所长,但张声波的这些行政违法行为一旦被发现,张胜平的派出所均给予了相应的行政处理,从这些行政处理中并未发现有偏袒、包庇张声波或其集团成员的证据。这足以证明张胜平对张声波黑社会性质犯罪组织没有包庇、纵容的违法行为。而张声波及其犯罪组织从事的恶性犯罪大部分本身并不在该派出所的管辖地域范围内,张胜平对这些犯罪行为不可能具有玩忽职守或滥用职权的前提。有些恶性犯罪虽然发生在该辖区内,但根据犯罪的事实和情节,应该直接归属某县公安局刑事侦查大队管辖;张胜平及其派出所并没有管辖权。

28 王志龙职务侵占案

——注册资金巨大、管理层次分明，财务账簿规范的个体工商户可以成为职务侵占罪中的“单位”；其管理人员骗取单位资金的行为成立职务侵占罪，而非诈骗罪

【案情简介】

华林服装商贸行（以下简称商贸行）系由秦某出资 500 万元成立，在郑州市二七区市场监督管理局登记备案的个体工商户，其主要营业地在郑州市区，雇用从业人员 120 余名，主要从事品牌服装批发业务。商贸行具有健全、完整的会计制度、账簿设置、纳税通道。王志龙从 2017 年开始，担任商贸行的副总经理，负责审批、管理商贸行与客户之间的服装买卖业务。

王志龙具有根据客户的地域、业务量、与商贸行的合作关系等因素，在商贸行规定的幅度内决定具体的服装批发价格的权限。商贸行规定某品牌上衣的批发价格为单价 200～350 元。王志龙平时审批的批发价格一般在 300 元左右。王志龙负责该业务一年后，认为自己可以利用职权开办公司，将商贸行的商品以规定的最低价出卖给自己的公司，然后再转卖获利，就于 2017 年以其妻弟名义成立了郑州富盛商贸公司（以下简称富盛公司）。王志龙利用职权，将某品牌上衣以每件 200 元的价格出卖给富盛公司，然后再转手以每件 250 元的价格卖给其他客户，获取利润。

2019 年 1 月，王志龙在工作中，发现商贸行的电脑管理系统存在漏洞，通过操作，可以低于原设定的 200 元低价入账报账，就分三次将某品牌上衣以每件 100 元的价格出售给富盛公司。王志龙以此方法总共出售上衣 500 件。后商贸行的负责人秦某发现服装外销业务方面经营异常，经查账发现该问题并以王志龙涉嫌诈骗罪向公安机关报案。

【追诉经过】

公安机关以诈骗罪立案,将王志龙刑事拘留。后在侦查过程中,发现本案涉嫌的罪名应为职务侵占罪,便以职务侵占罪将该案移交审查起诉部门。审查起诉部门认为该案中王志龙的行为属于职务侵占,但鉴于侵占的数额5万元低于职务侵占罪的立案标准,对该案作出不起诉决定。

【争论要点】

1. 王志龙的行为属于一般的侵占行为、职务侵占行为,还是诈骗行为。

2. 个体工商户能否成为职务侵占罪中的“单位”。

【辩护思路】

首先,笔者通过阐释个体工商户中“户”的含义,得出个体工商户符合我国刑法中职务侵占罪中“其他单位”的要件,王志龙符合职务侵占罪中“其他单位的工作人员”之犯罪主体要件,从而将王志龙的涉案行为认定为“在单位中的职务行为”,进而排除诈骗罪在本案中的适用。

其次,在承认王志龙的涉案行为属于“职务行为”的前提下,笔者论证王志龙利用职务行为侵吞单位资产的具体数额应为5万元。根据相关司法解释的规定,该数额不符合职务侵占罪成立的数额标准,王志龙不成立职务侵占罪。

最后,鉴于被害人秦某没有向有管辖权的人民法院提起王志龙成立侵占罪的刑事自诉,故而依据相关法律的规定,应撤销对王志龙的刑事立案,对王志龙作无罪处理。

【辩词摘要】

本案为职务侵占罪而非诈骗罪,理由如下:

一、从法律规定及常识和司法惯例上看,个体工商户属于刑法中职务侵占罪中的“其他单位”

1. “户”的古字形像一扇门的形状,本义指单扇的门,由本义引申为房屋的出入口。一家人住在一扇门内,故“户”又引申为家庭单位。“户籍”指地方民政机关以户为单位登记本地区居民的册子。可见,“户”在传统上指的就是一个单位。

2. 个体工商户中从业人员多且广，是促进社会经济发展和吸纳劳动力就业的重要力量。国务院1987年发布的《城乡个体工商户管理暂行条例》（已废止）规定，个体工商户可以根据经营情况请一两个帮手，有技术的个体工商户可以带三五个学徒，即从业人数不超过八人，从而限制了个体工商户的规模和人员构成，将其与其他法人企业、非法人企业相区别。2011年发布的《个体工商户条例》（已修订）取消了对个体工商户从业人员的限制，虽将其与其他企业组织形式相区别，但已经非常接近。个体工商户经营的范围也进一步放宽，明确国家对个体工商户实行市场平等准入、公平待遇的原则，只要个体工商户申请登记的经营范围不属于法律、行政法规禁止进入的行业，即准予登记和营业。2014年《个体工商户条例》修订，更是增加了一条作为第15条：登记机关将未按照规定履行年度报告义务的个体工商户载入经营异常名录，并在企业信用信息公示系统上向社会公示，该规定明确个体工商户属于企业，并将其纳入了企业的管理范围。

3. 按照税务规定，个体工商户应按照税务部门的规定正确建立账簿，准确进行核算。对账证健全、核算准确的个体工商户，税务部门实行查账征收；对生产经营规模小又确无建账能力的个体工商户，税务部门实行定期定额征收；对具有一定规模的个体工商户，税务部门有权核定其应纳税额，实行核定征收。由此可见，对账簿健全的个体工商户的税收征管已经与其他企业完全相同。

4.《刑法》第30条规定："公司、企业、事业单位、机关、团体实施的危害社会的行为，法律规定为单位犯罪的，应当负刑事责任。"可见，我国刑法规定的是单位犯罪，而非法人犯罪。个体工商户既符合一般生产经营企业的属性，又被纳入了企业的管理范围内，当然可以成立单位犯罪。而且，现今的个体工商户由于没有了人数的限制，个别个体工商户的注册资金巨大、雇员很多、管理机构严密庞大，完全符合单位犯罪的成立要件。

5. 既然是单位，其内部管理人员就可能具有对人事、财物、财务的管理职权。特别是对大型的、从业人员有数百人的个体工商户，由于管理者众多，就会发生利用职务便利实施职务犯罪的可能，这些人员完全符合职务侵占罪、挪用资金罪等罪的构成要件。

6. 根据《刑法》第271条的规定，"公司、企业或者其他单位的工作人员，利用职务上的便利，将本单位财物非法占为己有，数额较大的"，成立职务侵占罪。如上所述，个体工商户符合该条规定中的"其他单位"。

二、就本案的事实和证据来看，王志龙的行为属于职务侵占行为

1. 商贸行除形式上登记为个体工商户外，其注册资金、投入资金、管理机构、账务设置等事务，相对于一般的公司、企业，更为系统和严密，完全符合对一般法人制企业的要求。商贸行有三个层级的管理结构，其中：秦某作为投资人居于最上层；王志龙等 5 人居于中层，属于该商贸行日常经营的管理人员；下层是负责各个不同地域、行业的部门负责人；这三层之下才是具体的工作人员。王志龙等具有管理职责，具有经手、管理商贸行财物的职权和便利条件。

2. 商贸行具有健全的财务制度，严谨的人事聘用、管理制度，100 余名工作人员的规模，因此，其符合单位的基本属性和特征。王志龙作为单位的管理人员，在管理商贸行财务的过程中，将每件最低 200 元的上衣以 100 元的价格出卖给自己的公司，造成商贸行损失 5 万元。其行为完全符合《刑法》第 271 条规定的犯罪主观要件和客观行为特征，只要犯罪数额达到法律、相关司法解释的标准，就应该成立职务侵占罪。

三、王志龙的职务侵占行为，因没达到现行司法解释规定的成罪数额标准，不成立职务侵占罪

1. 本案中对王志龙职务侵占的具体数额存有很大争议。秦某认为，商贸行赋予王志龙的职责是根据客户的地域、业务量、与商贸行的合作关系等因素综合评判服装批发价格，在每件 200 ~ 350 元的范围内计价，并在财务管理、业务审批电脑上设定程序加以限制。王志龙审批的一般业务中，最低的单价也仅是每件 250 元，其卖给其以妻弟名义成立的富盛公司的价款（每件 250 元）明显与一般的正常业务交易价款不具有可比性。故而王志龙以每件 200 元的价格出售给自己妻弟公司的 2000 余件上衣中，其获取的 10 万元［2000 × (250 − 200) 元］理应计入商贸行的损失数额。

但笔者认为，商贸行既然赋予王志龙可在每件 200 ~ 350 元的权限内处理具体业务，则只要王志龙不突破该规定，就不属于违反商贸行的规定。何况，商贸行与王志龙签订聘用合同时，并未规定王志龙（实际包括其他一切人）不可以成立自己的公司，也并未禁止商贸行与员工自己成立的公司发生交易。客观上，商贸行是允许以每件 200 元的价格出售上衣的，其是能够获取利润的，仅是对外保密而已。王志龙代表商贸行与自己公司的交易实际上使商贸行获得了一定的利润，故而商贸行不存在损失，仅是可能失去了更大的利润空间而已。该 10 万元依法不应计算在职务侵占罪的犯罪数额内。

2. 根据现行刑法及2016年发布的《最高人民法院、最高人民检察院关于办理贪污贿赂刑事案件适用法律若干问题的解释》第11条的规定,职务侵占罪中的"数额较大""数额巨大"的数额起点,按照该解释关于受贿罪、贪污罪相对应的数额标准规定的2倍、5倍执行;而该解释第1条规定的贪污罪或者受贿罪的数额起点,一般情况下为3万元,故而职务侵占罪的数额起点应为6万元。很显然,王志龙职务侵占单位5万元的行为,并不成立职务侵占罪。

四、王志龙的行为不成立诈骗罪

商贸行以王志龙涉嫌诈骗罪向公安机关报案,公安机关以诈骗罪受理,且检察机关以诈骗罪对王志龙批准逮捕,司法机关以诈骗罪为由追究王志龙的刑事责任的理由是:

1. 王志龙以其妻弟的名义成立富盛公司,目的就是利用自己在商贸行工作,熟悉商贸行商情且有一定职权的便利条件,向商贸行隐瞒自己成立公司的事实真相,骗取商贸行一般经营情况下的应得利益——符合隐瞒真相,骗取钱财的形式和目的。

2. 王志龙作为富盛公司的实际控制人,与富盛公司实为一体,为诈骗犯罪的行为人。其利用商贸行的管理瑕疵和管理漏洞,进行虚假申报、虚假审批,从而为富盛公司获取巨大利益,同时使商贸行受到损失——其获利与商贸行的损失具有因果关系。

3. 商贸行受到王志龙的欺骗,作出了将上衣以远远低于成本价(180元)的单价(100元)出售给王志龙的富盛公司,属于因受骗而主动交付财产。

这一观点重视王志龙作为富盛公司实际控制人的事实,并以此为基点,将王志龙的职务行为作为富盛公司诈骗的一个环节,具有一定的法理基础和合理性;但其忽略或刻意回避了王志龙在商贸行的地位和作用。

笔者认为,本案的实施在很大程度上或者主要是基于王志龙是商贸行的管理人员,具有商贸行日常经营管理的职责;如果王志龙不具有该地位和职责,则其根本不可能实施或完成涉案犯罪行为。成立富盛公司仅是王志龙职务侵占商贸行资产的行为之一,而非诈骗、非法侵占商贸行资产的主要行为。根据整体法包含部分法的基本原理,本案以职务侵占评价王志龙的行为具有合理性和合法性,符合社会一般人的共识和常理。若以诈骗罪追究王志龙的刑事责任,则明显有为追究刑事责任而寻求罪名的“以刑治罪”之嫌，与目前通行的司法理念不符。

本案办理过程中，笔者与侦查机关、检察机关甚至审判机关均进行了一些有益、实效的沟通，最终形成了一致性的意见，且通过释法说理安抚了被害人的情绪，最终由公诉机关作出不起诉决定。

在积极刑法观的潮流下，如何坚守刑法特别是刑事司法的谦抑性，成为现实司法必须面对和解决的一个热点、难点问题。事实有疑时有利于被告人，但我们认为法律有疑时，一般亦应有利于被告人。除非某种行为特别恶劣而人神共愤，才可摒弃法律有疑时重法优先的理念和原则。

五、本案不成立侵占罪

职务侵占罪是侵占罪的特殊形态。职务侵占罪是行为人作为单位的工作人员，负有一定的职责和权力，其利用权力实施了侵占、占有单位财产的行为。侵占罪则是实施非法侵占、占有代为保管的他人财物的行为，行为人与被侵占人之间不存在直接的单位附着关系，行为人非单位的工作人员，亦非利用单位的职权而侵占单位的财产，而是将自己根据合同、一般惯例等保管的财物占为己有，包括公然不退还和利用欺骗行为不退还。但欺骗行为在侵占罪中仅是行为人不退还财物的原因，而在职务侵占罪中是行为人取得财物的原因。

而且，侵占罪要求的是合法占有他人的财产，犯罪人占有他人财产是公开的，仅是存在拒不返还的问题，其在取得他人财产时并不具有非法占有的目的，这与职务侵占罪和诈骗罪有明显的区别。本案中行为人在商贸行规定的价款幅度之内，利用职务便利，秘密降低卖给自己公司的货物价款，其侵占的并不是商贸行交给其保管的合法财产，而是采用非法手段取得商贸行不允许其取得的财产，并给商贸行造成损失。故而，本案不符合侵占罪的规定，不成立侵占罪。

29 栗增强职务侵占案

——利用管理单位仓库的职务之便，"以旧换新"盗窃单位资产的，成立职务侵占罪，而非盗窃罪

【案情简介】

栗增强系郑州市一家大型自行车商贸公司的仓库理货员，负责该公司在郊外仓库中自行车零部件的进库、入库以及自行车零部件在库房内的整理等工作。因该仓库地处郊外，为工作的方便，除了有两个看门人因轮换负责看管仓库而各持有一把钥匙外，作为仓库理货员的栗增强和高某某亦各自配有一把仓库的大门钥匙。在仓库看门人不在时，作为仓库理货员的栗增强和高某某可以直接开门进出仓库，可以向仓库进货和从仓库出货；这些事务仓库看门人一般是无须过问的。

栗增强在与朋友闲聊时，得知有人专门高价收购自行车零部件，便产生从仓库中盗取自行车车架出卖获利的念头。之后，栗增强多次在下午下班之时，将事先准备好的旧自行车车架带进仓库，以旧车架替换仓库中的新车架，然后将新车架带出仓库出卖。栗增强通过上述手段，总共盗取自行车车架 51 件，价值 25500 元，其出卖所得赃款 15500 元。

【追诉经过】

公安机关接受商贸公司报案后，电话通知栗增强到公安机关接受询问。栗增强到公安机关接受询问时，如实供述了自己的犯罪事实。公安机关以盗窃罪对其采取刑事强制措施，侦查终结后以其涉嫌盗窃罪移送某区人民检察院审查起诉。区人民检察院审查起诉部门以栗增强成立盗窃罪移送某区人民法院审理。区人民法院在开庭审理过程中，建议检察机关对案件进行补充侦查。检察机关在两次退回公安机关补充侦查后，撤回对栗增强的起诉。

【争论要点】

1. 栗增强窃取自行车车架的行为系职务侵占行为抑或一般的盗窃行为。

2. 栗增强接到公安机关的电话通知,主动到公安机关说明案件事实的行为,是否成立自首。

【辩护思路】

首先,我们着力论证栗增强"以旧换新"偷盗商贸公司自行车车架的行为,主要是基于其"职务的便利"所为,而非基于"职务所形成的便利条件"所为,从而为认定栗增强的行为系职务侵占行为而非一般的盗窃行为,进而为否定栗增强盗窃罪的成立打下基础。

其次,我们提出应该按照栗增强所盗取的自行车车架的进价来认定栗增强的盗窃数额的观点和理由,从而弱化栗增强盗窃行为的社会危害性,说服司法机关能对其从宽处理。依据现行法律对职务侵占罪犯罪成立的数额标准,栗增强的行为不能成立职务侵占罪。

最后,我们详细论证了栗增强主动到公安机关接受询问的行为属于主动投案的情节,且到案后悔罪态度好,其家属积极退回赃款,被害人表示谅解等从轻处罚情节,建议能对栗增强的行为作出撤案处理,至少应该免予其刑事处罚。

【辩词摘要】

一、栗增强利用其仓库理货员职务上的便利,顺利实施犯罪行为,符合职务侵占罪的主体要件

1. 栗增强系仓库理货员,仓库共有四个门。一般情形下,为了便于装卸,白天上班时仓库看门人持钥匙将仓库正门打开后,便把钥匙放在正门口的桌子上,全体理货员可以随意使用。后来,为了工作方便起见,仓库的看门人和理货员一起商量后决定,为每个理货员都配备一把正门钥匙,这虽违反公司的制度规定,但却是本案存在的客观事实。栗增强恰恰是因为看门人、所有理货员均可以随意使用钥匙进出仓库而产生侥幸心理,认为即使商贸公司发现有人偷换自行车车架的事实,也得以蒙混过关,从而产生犯罪的念头并开始购买、收集自行车旧车架,为进一步犯罪作准备。

栗增强是仓库理货员，与商贸公司的工作人员和仓库周边人员都熟悉，其下午5点半下班后再带着装有旧自行车车架的纸箱返回仓库，即使周边有人看到栗增强返回仓库，也不会去怀疑他，更何况其是持钥匙进入仓库的。

2. 栗增强作为理货员的工作内容是摆放货物、收货和发货，其知道在发货时只检查箱子型号是否一致，并不开箱检查，所以其进入仓库后并不是简单地将自行车车架拿走，而是将旧车架放进箱子内"替换"。正因如此，才使栗增强的以旧换新行为持续了3个多月，都没有被人怀疑和发现。

3. 栗增强进入仓库后，并非没有目标地随意窃取车架，而是有明确的目标的。其能够准确锁定目标是因为其对车架情况、车架价值、摆放地点、何时可能出货等情况的熟知，而其之所以对这些情况熟知，恰恰是因为这是其作为仓库理货员的职务使然。

综上，栗增强符合职务侵占罪的主体要件。

二、栗增强"以旧换新"的盗窃行为，不应按照盗窃罪来认定

1. 职务侵占罪的行为方式实际上包含盗窃罪和诈骗罪的行为方式，是在单位中具有职务的人员利用职务的便利而盗窃、诈骗单位的资产。

2. 在职务侵占罪与盗窃罪发生竞合时，争议最大的问题就是行为人是"利用职务便利"还是"利用职责或地位形成的便利条件"。若是"利用职责或地位形成的便利条件"实施盗窃行为，应成立盗窃罪；若是"利用职务便利"实施盗窃行为，则应成立职务侵占罪。

本案中，若栗增强没有商贸公司仓库的钥匙，仅是利用其理货员的职务便利，偷偷复制了仓库的钥匙，然后进入仓库"以旧换新"偷盗自行车车架的，就应构成盗窃罪；或者若栗增强不具有进货、出货的职责，瞒着别人，偷偷带旧的自行车车架进入仓库，然后又将偷换的新自行车车架带出仓库，其亦应构成盗窃罪而非职务侵占罪。而本案中栗增强的犯罪行为恰恰与上述情形相反，故而笔者认为其涉案行为不宜按照盗窃罪认定。

三、栗增强的职务侵占行为依法不成立职务侵占罪

根据相关司法解释的规定，职务侵占罪的立案标准是职务侵占6万元以上，而本案栗增强职务侵占的数额仅25500元，与法定的成罪数额相差很大，明显不符合职务侵占罪的定罪标准。

四、栗增强的职务侵占行为的发生具有前因

根据公安机关提供的卷宗资料，在本案发生之前，该商贸公司因各种原因，曾经扣发栗增强将近 2 个月的工资。虽然对为何扣发栗增强的工资，商贸公司与栗增强的辩解不同，但在本案进入法庭审判程序后，仍然无证据或生效的法律文书认定商贸公司扣发栗增强工资的行为是否合法、是否合理。栗增强正是因为对公司扣发其工资的违法行为不满，才实施偷换公司自行车车架获利的行为。

对有一定原因而产生的职务侵占行为，在认定其职务侵占罪是否成立时，应慎重考虑该原因对行为人行为是否成罪的影响。在该情形下，即使认定其行为成立犯罪，在量刑时也应作为从轻处罚的因素给予考量。

五、栗增强即使构成盗窃犯罪，亦应对其免予刑事处罚或适用缓刑

栗增强作为独子，其父早年病逝，因为父亲治病造成家庭欠债较多；母亲无工作、无收入；妻子朱某无固定工作，没有固定收入；女儿年仅 3 岁，家庭生活拮据。现在家中年迈的母亲和年仅 3 岁的女儿都需要栗增强微薄的工资来抚养，因为商贸公司无故克扣其 2 个月工资，导致其本就不宽裕的生活变得更加窘迫。因此，栗增强为了维持家庭生活才产生窃取公司车架的犯意，其主观恶性较小。

公安机关出具的到案经过和栗增强的供述能够证实，栗增强被传唤到案接受询问时，完全配合公安机关的询问，主动交代所有犯罪事实，认罪认罚，属于自首，应当从轻或减轻处罚——即使其不属于自首，也属于坦白，应当从轻处罚。

栗增强的犯罪数额仅为较大，且对于栗增强的非法所得和被害人的损失，其家属也已全额退赔，商贸公司出具了对栗增强行为的谅解书。因此，笔者建议司法机关对栗增强从宽处理，并依法适用缓刑。

四、侵犯人身权利犯罪类

【题记】

侵犯人身权利犯罪成立的基本要求:(1)行为人对行为具有违法性认识——非法;(2)被害人人身权利受损——危害;(3)非法行为与危害结果存在法律上的因果关系——侵犯;(4)非法行为本质上具有可责性——悖理。

30 张小三故意杀人案

——具有与他人发生斗殴的准备，且主动挑唆他人而引起他人反击，同时攻击对方致对方死亡的，不成立正当防卫

【案情简介】

张小三与朱某同系在鼓楼市场经商的商户，其中张小三在该市场一楼中间位置的商铺卖衣服，朱某在二楼的中间位置卖鞋帽。2006 年 4 月，两人因琐事发生口角并引发轻微的身体冲突，后经人劝解而暂时缓和。2006 年 5 月 1 日中午，张小三与朋友们在商场附近的饭馆喝酒后，带着朋友董省一起到商场二楼朱某经营的摊位前面。张小三辱骂站在摊位里面的朱某，并挑唆朱某出来与他决斗。朱某见张小三没完没了地辱骂他，经人劝阻也不停止，就呵斥张小三立即离开摊位，否则后果自负。张小三不但没有停止辱骂，反而开始敲击、撕扯朱某摊位上的鞋帽；朱某就从摊位下面拿出一把为预防张小三找事而准备的斧头，冲出摊位向张小三砍去。张小三弯腰躲开斧头，同时从腰间拔出其一直携带在身的匕首，向朱某捅去，致使朱某因胸部两处受伤而当场不治身亡。

【追诉经过】

张小三作案后，立即在其家人的帮助下潜逃，公安机关对其进行网上通缉。2020 年 5 月，张小三在西安被抓捕，后移交至犯罪地的公安机关。公安机关侦查终结后，以张小三涉嫌故意杀人罪将其移送至市人民检察院审查起诉。市人民检察院以张小三成立故意杀人罪起诉至市中级人民法院审理。市中级人民法院最终以故意杀人罪判处其有期徒刑 15 年。一审判决生效后，张小三提起上诉；二审法院经书面审理，驳回上诉，维持原判。

【争论要点】

1. 张小三的行为是否属于正当防卫。

2. 张小三具有的是防卫故意还是斗殴故意。

3. 张小三认罪认罚后,又在他人的挑唆下否认犯罪,且其家人声称要讨回之前依赔偿协议支付给被害人家属赔偿款的行为,对张小三的量刑有何影响。

【代理思路】

首先,笔者详细分析了案件发生的事实和情节,论证在案件发生的核心阶段,张小三与朱某均具有故意伤害对方的故意,均不具有防卫的意图。因为在朱某用斧头砍击张小三的瞬间或同时,张小三就出于本能拿出随身携带的匕首捅向朱某——张小三没有防卫的意图,当然不成立正当防卫。

其次,笔者进一步通过评析案件发生的前期事实和情节,阐明在两人斗殴之前,张小三首先找到朱某进行辱骂,而朱某是在张小三先辱骂他,并无视其制止和警告,变本加厉地开始毁损其财产时,才拿斧头攻击张小三。朱某攻击张小三的目的是制止张小三侵害其人身、财产的违法行为,因而其用斧头砍击张小三的行为才可能是防卫行为;张小三对朱某的防卫行为的反击,不属于正当防卫。

再次,面对张小三辩护人的观点,即朱某砍击张小三的斧头是事先准备的,甚至是为了砍击张小三准备的,所以朱某的行为不成立正当防卫。笔者进行了批驳:没有任何一部法律法规规定事先准备工具来预防、防卫不法侵害的行为就不成立正当防卫。而且,张小三亦是事先准备刀具去找朱某的。

最后,笔者认为,鉴于张小三改变之前认罪认罚的态度,对其应该从重处罚。特别是其家属扬言要追回已经依双方签订的和解协议支付给被害人家属的赔偿款,更是漠视、违背一般社会公众的良知和伦理道德理念的行为,建议司法机关对张小三从重处罚。

【代理词摘要】

本案中张小三的行为不具有防卫的性质,更非正当防卫,依法应该从重处罚。

一、张小三的行为非正当防卫行为,而系故意杀人行为

张小三与朱某因琐事发生冲突后,两人均抱有预防对方报复的防卫心理,且均有与对方斗殴的心理准备。事发当天,张小三主动跑到朱某的摊位寻衅滋事,多次辱骂朱某,有挑唆朱某对其进行攻击的故意,故而其依法不具有正当防卫的主观目的。

同时,朱某虽之前怀有与张小三斗殴的目的,但在案发之时,态度和行为比较克制,没有在张小三辱骂之初就拿斧子砍张小三。在张小三持续辱骂他且其他在场人员劝说无效的时候,也仅是对张小三发出警告;若此时张小三离开,则本案就不会发生。可见,张小三是本案发生的始作俑者,是本案发生的主要责任人,对本案的发生具有严重过错。

朱某在感到无法制止张小三对其的辱骂且张小三开始损害其摊位上的商品时,才忍无可忍地拿出斧子砍向张小三,所以朱某的此行为具有防卫的性质。虽然该行为可能超出防卫的限度,但不能否认其防卫性质——充其量是防卫过当的问题。而且,鉴于本案发生时,朱某并未砍中张小三,故而实际上也不存在防卫过当的问题。

张小三躲开朱某的斧头后,在极短的时间内——几乎是同时,出于本能就拔出匕首刺向朱某,其不具有防卫的目的和防卫的正当性,而是具有伤害朱某的内心动因。故而,张小三的行为难以成立防卫,更谈不上成立正当防卫。

张小三在短时间内,用长匕首接连捅了朱某两刀,且刀刀捅在要害部位,当场致朱某死亡,其杀人的主观故意暴露无遗,杀人的客观行为确证无疑。

二、张小三的行为明显缺乏正当防卫的正当性

在张小三被抓捕押送至市公安机关初期,张小三的家人为了能减轻张小三的处罚,及时找到朱某的家属并签订了和解协议,承诺赔偿朱某家属200万元,得到了朱某家属的谅解,其中100万元已经支付完毕,公安机关亦建议检察机关审查起诉部门对张小三从轻处罚。

审查起诉阶段,张小三的辩护律师认为张小三的行为属于正当防卫的无罪行为,建议其家属终止剩余钱款的支付,并建议检察机关对本案作出无罪处理。笔者作为朱某家属的诉讼代理人,认为张小三的行为不成立正当防卫。理由如下:

1. 张小三日常总是随身携带一把长长的、锋利的匕首,其曾在本次案发前1个月内,因酒醉后与人发生冲突,用该匕首将对方刺伤(轻伤)。后因张小三赔偿了对方的损失,得到对方的谅解,故而公安机关对其故意伤害的行为没有作为刑事案件处理。张小三具有犯罪前科,并具有一贯欺压他人的本性。

商场多家商户的证言证实,张小三酒后曾与10余户商户发生过冲突,多次辱骂其他商户。故而张小三与朱某发生冲突具有一定的必然性,不宜认定其行为属于正当防卫。

2. 诸多证人证实,张小三在与朱某发生第一次冲突后,不止一次地在与他人的谈话中流露出其要教训、殴打朱某的故意。实际上,其在本次案发中亦是带领其一个朋友,主动、积极地找到朱某的摊位,不但辱骂朱某,挑唆朱某生气而与之动手,且经人劝阻后拒不停止挑衅。张小三在朱某没能用斧头砍中他后,张小三立马掏出携带的匕首刺向朱某的心脏部位,并且接连刺了两刀,刀刀致命,最终导致朱某当场死亡。可见,张小三具有与朱某斗殴、杀死朱某的主观故意,缺乏正当防卫的基础条件。

三、对张小三不应从宽处罚

张小三刚被抓捕之初期,认罪认罚,并及时与被害人家属达成谅解,具有从轻处罚的前提条件。但其自审查起诉阶段到二审终结之时,却坚持认为自己的行为属于正当防卫,并拒绝继续按之前签订的谅解协议向朱某的家属支付剩余的赔偿款项,导致前期认罪认罚程序的无效,浪费了宝贵的司法资源。其不具备从宽处罚的条件。

31 张某诬告陷害案

——故意虚增他人受贿数额举报他人,不符合刑法中"捏造事实"的主客观要件之规定,不成立诬告陷害罪;即使"捏造事实"举报他人受贿,但相关机关立案查实被举报人有其他构成受贿犯罪的事实,举报人亦不成立诬告陷害罪

【案情简介】

张某系一建筑公司经理,其公司有一起讨要工程款的案件在平顶山市某区人民法院审理。为确保案件的胜诉,张某指使其公司会计给该区人民法院院长李某某送去现金50万元,李某某收到该50万元现金后承诺帮助张某的公司打赢该官司。

该案件开庭审理后,张某通过其在该法院的其他熟人打听出自己的案件可能要败诉,认为自己送给李某某的钱太少而导致其不愿帮忙,就又让其公司会计提取50万元现金给李某某送去。李某某没有收受该50万元现金,但让该会计转告张某,一定会帮助张某公司打赢官司,让张某放心。该会计没有告诉张某李某某拒绝收受该50万元现金的事情,撒谎说李某某收受了现金并答应帮忙。

一审判决后,张某知道自己公司输掉了该官司,一怒之下到省监察委员会举报李某某,说其公司被李某某勒索支付李某某现金100万元。

某市监察委员会接受省监察委员会的指定,对李某某涉嫌受贿案立案调查。李某某被市监察委员会采取留置措施后,对收受张某公司50万元现金的事实供认不讳,但拒不承认收到张某公司另外50万元现金。李某某还主动坦白了自己曾收受其他人贿赂500余万元的犯罪事实。后李某某被以涉嫌受贿550万元移送至检察机关审查起诉,检察机关将李某某移送到某区人民法院审理,最终李某某被判处有期徒刑12年。

【追诉经过】

某市监察委员会建议某区公安机关对张某以诬告陷害罪立案侦查;公安机关对张某诬告陷害罪立案侦查后,查实了张某公司的会计没有将 50 万元送给李某某的客观事实,但仍以张某涉嫌诬告陷害罪将本案移送至人民检察院审查起诉。检察机关在审查起诉阶段作出了情节轻微的不起诉决定。

【争论要点】

1. 张某对李某某是否具有诬告陷害的故意。

2. 张某错误举报李某某索取 50 万元贿赂款是否属于"捏造事实"诬告陷害他人的行为。

【辩护思路】

首先,笔者认为,本案卷宗中显现的案件事实足以证实张某公司的会计对张某撒谎的事实,这是导致张某错误认为其公司总共对李某某行贿 100 万元,从而对李某某的犯罪数额作出错误举报的根本原因。张某的举报行为明显不符合"捏造事实"的直接故意和客观行为,不成立诬告陷害罪。

其次,即使张某明知李某某没有收受其公司会计送的第二个 50 万元,仍然举报李某某收受了其 100 万元的行为,也因捏造的是部分犯罪事实,并不影响李某某受贿罪的成立与否,而不成立诬告陷害罪。即使张某捏造了全部犯罪事实,但最终认定李某某因收受其他人的钱财而构成受贿罪——因"诬告"而抓获了一个真正的受贿分子,也不应认定其行为成立诬告陷害罪。

最后,结合本案的特殊情况,张某有多个从轻处罚的情节可以适用,如果认定张某有罪,检察机关亦应对其作出情节轻微的相对不起诉决定。

【辩词摘要】

一、张某没有捏造事实诬告陷害李某某的行为,不成立诬告陷害罪

诬告陷害罪是指捏造事实诬告陷害他人,意图使他人受到刑事追究,情节严重的行为。捏造事实,一般指的是本不存在而由行为人凭空编造的事实。本案中,张某指使会计第一次送给李某某 50 万元,李某某接受该 50 万元的事实是不争的事实,即李某某受贿的事实真实存在,仅是其受贿数额大小的认定存在疑问。故而,张某的行为不符合捏造事实的客观行为范畴。

而且,根据刑法及相关司法解释的规定,受贿50万元与受贿100万元在同一量刑幅度的数额范围内(3年以上10年以下),均属于依法应该追诉的犯罪行为之列。故而,其公司有没有送给李某某第二次的50万元现金,对李某某是否成罪并不产生实质影响,甚至对李某某定罪后的量刑也不产生大的影响。故而,张某的行为不属于刑法上的诬告陷害他人——因为他所告发的李某某确实收受了自己的贿赂,成立受贿罪。

此外,李某某归案后,主动坦白了自己收受其他人500万元贿赂的犯罪事实,经监察机关调查后认定完全属实。如此,张某告发李某某的行为帮助国家机关挖出了比他想象得更大的"蛀虫"——这样的行为及结果,被当作犯罪来处罚,有违一般社会公众的常理和共识。

二、张某缺乏诬告陷害的主观故意

卷中证据显示,李某某确实没有收到张某公司会计的后一笔50万元贿赂款,但是张某对此并不知情。在公安机关接受监察机关建议立案侦查的初期,张某公司会计在接受公安机关询问时承认第二次的50万元没有送给李某某,同时承认是自己想非法占有该50万元;加之其判断李某某会因为前面送的50万元现金而帮公司打赢官司,故而没有将李某某没有收受后一笔50万元的事实告知张某,而骗张某其已经把钱交给了李某某。仅是在后期,当公安机关将其列为行贿罪的犯罪嫌疑人,对其采取强制措施时,才突然在办案人员的"教育下"改口说李某某没有收受该50万元的事在当时就告知了张某,张某让其将50万元存在该会计自己的私人账户内保存,以后办事时使用方便,故而其将该50万存入自己的个人账户,一直没有动过。

依据公安机关对张某公司会计的账户查询,该50万元在刚刚打入账户的短短一星期时间内,就已经被该会计分6笔转出并用于自己的生活开支和理财支出。之后,张某公司会计在接受公安机关关于该账户开支情况的讯问时,又再次改口说是自己私自挪用了该50万元,挪用的事情没有告诉过张某。但卷中证据显示,从该50万元存入该会计的私人账户,到被会计私自支配使用之日,再到张某到监察机关控告李某某之日,已经经过了长达3年的时间,在长达3年的时间内,如果张某知道该会计处有50万元可随时支配却一直没有支配,是不合常理的。况且,张某的公司当时因市场经营的原因,已经严重缺乏流动资金,甚至在社会上借了高达200万元的高利贷来维持公司的日常经营和开支。显然,张某公司会计所述“当时就将李某某没有收受第二次的50万元现金告诉了张某”的说法不合常理,办案机关对张某的该证言不应采信。

在案证据足以证实张某内心确认李某某收到了其100万元的贿赂款,故而才向监察机关控告,其没有诬告李某某的主观故意,不成立诬告陷害罪。何况,其控告李某某勒索其50万元与控告李某某勒索其100万元,对控告的结果并不具有决定性的作用,甚至不起什么作用。

三、即使张某明知李某某没有收受该50万元,而故意向监察机关控告李某某收到了该50万元,亦不成立诬告陷害罪

第一,李某某之前已经收受了其50万元贿赂款,已经成立了受贿罪,控告其成立受贿罪并不属于诬告陷害,仅是出于增加犯罪数额使监察机关重视,以顺利将李某某绳之以法的策略,并不是出于诬告陷害李某某的主观目的和动机。第二,即使后一笔50万元有确切证据证实李某某没有收受,但最终司法机关查实的李某某收受他人500万元现金的犯罪事实,已经远远超过张某对其“诬告”的50万元,该50万元对其最终的定罪量刑几乎不会产生什么影响。故而,本案中张某的行为不属于情节严重的情形,不应成立诬告陷害罪。

四、即使张某虚构行贿事实向监察机关举报李某某受贿犯罪,亦不应成立诬告陷害罪

笔者认为,即使张某公司没有送钱给李某某,仅仅出于报复李某某的动机,捏造李某某收受其100万元现金的犯罪事实,向监察机关控告,但监察机关立案调查后,查清了李某某收受别人的巨额贿赂,从而将之绳之以法,张某的行为也不宜按照诬告陷害罪定罪处罚,因为正是由于张某的举报,才使李某某的贪腐犯罪事实被查实。张某对李某某的举报动机可能是诬告陷害,但鉴于最终的客观事实已经证实李某某确实收受他人贿赂,成立受贿罪,仍然应该阻却张某诬告陷害罪的成立。

五、破坏市场经济秩序犯罪类

【题记】

破坏市场经济秩序犯罪成立的基本要求：(1)行为人具有非法获利的目的；(2)行为违反了市场管理规定；(3)具有扰乱市场经济秩序的危害后果；(4)行为与危害后果之间存在法律上的因果关系。

32 贾红等串通投标案

——投标人委托中介公司为其制作商务标书，即使中介公司与招标单位及相关监督部门串通，投标人亦因未与招标人串通，也未通过中介公司与招标人串通，不成立串通投标罪

【案情简介】

2016年7月，中铁某局集团有限公司城市轨道交通分公司(以下简称轨道分公司)首次参与合肥市地铁3号线项目投标，未中标且未入围。投标市场中介人冯小童获取该信息后，通过中铁某局集团有限公司(以下简称中铁某局)前安全指挥部部长孟某介绍认识了该公司华东区指挥部部长高晓伟，称在合肥投标地铁项目，如果不与当地领导疏通关系，则根本无法中标。在通过洽谈相互获取信任后，高晓伟让冯小童与轨道分公司副总宋辉取得联系。

2016年底，冯小童与宋辉在成都见面进行洽谈，约定由冯小童帮助轨道分公司运作即将开标的合肥市地铁5号线项目，事成后支付运作费1000万元。之后宋辉将此事向轨道分公司总经理贾红进行汇报，贾红同意后，宋辉与该分公司市场部部长林超一起到合肥，拟与冯小童的中介公司签订中介服务协议。为了展现实力，冯小童邀请了合肥市公共资源交易监督管理局局长等一起吃饭及洽谈。2017年2月17日，林超在合肥市代表轨道分公司与冯小童的中介公司签订了合作协议，约定冯小童帮助轨道分公司制作商务标书，以及协助完成相关的附带事项，确保轨道分公司的投标不废标，最终至少中标一个项目。项目中标后，轨道分公司按照中标金额的8%支付费用。后冯小童帮忙从招标监督管理单位获取了一些相关信息，并在招标监督管理单位所聘请的专家的技术性指导下，帮助轨道分公司中标合肥地铁5号线的主体工程。之后，贾红安排宋辉等两次筹集720万元现金交付给冯小童。

【追诉经过】

合肥市公共资源交易监督管理局局长因受贿罪被调查后,主动交代与冯小童共同串通谋取利益的犯罪行为。监察机关将冯小童涉嫌行贿罪的犯罪行为移交给合肥市公安机关立案侦查。合肥市公安机关侦查终结后,以贾红、宋辉、林超3人涉嫌串通投标罪移送检察机关审查起诉,检察机关经审查后认为本案为单位犯罪,且因本案存在的特殊情形,对三被告人作出不起诉决定。

【争论要点】

1. 本案系单位犯罪抑或贾红等的自然人犯罪。

2. 本案中贾红等的行为是否成立串通投标罪。

【辩护思路】

首先,笔者根据案件基本事实,论证本案中贾红等系为单位利益、以单位名义、经单位领导集体研究决策和实施的单位犯罪,力争能减轻贾红等的刑事责任。

其次,笔者立足于法学理论和《刑法》第223条串通投标罪的具体规定,阐释该罪必须发生在投标人与招标人之间,或投标人之间;而本案中指控的犯罪行为却发生在投标中介人与招标人之间,在招标投标的过程中,招标人与投标人根本没有就该事项见过面,也没有任何其他的联系和沟通。最终否定贾红等的行为成立串通投标罪,最大限度地为贾红等进行从轻、减轻刑事责任的辩护。

笔者假设司法机关认定本案中招标人与投标人通过中介人冯小童进行了一定的沟通,其行为也不属于"串通投标",而仅是招标人所聘请的专家从专业技术和经验的角度所进行的技术指导。

【辩词摘要】

一、三被告人不成立串通投标罪

1. 串通投标罪是指投标人相互串通投标报价,损害招标人或其他投标人利益,情节严重的行为,或者投标人与招标人串通投标,损害国家、集体、公民的合法利益的行为。本案显示的犯罪事实显然不符合上述法条的规定。

本案中，轨道分公司作为央企，具有强大的技术、经济实力，特别是相对参与投标的其他单位而言，其具有明显的优势是一个不争的事实。但在第一次参加合肥市地铁3号线项目投标中竟然未中标，而且连入围也未成功，这使该公司领导明确认识到如果不与当地领导疏通关系，在合肥市地铁建设项目的招标投标中是无法中标的；招标中介人冯小童的出现，对上述事实给予确证。

作为大型央企，轨道分公司在当时的市场形势下，为了国家、企业的总体利益，被迫选择与当地政府的相关部门及其相关利害关系人进行合作。为了规避串通投标的法律风险，轨道分公司接受了该公司法务部门的建议，避免与合肥市地方政府官员直接进行联系和不当交易。为保险起见，公司领导又咨询了外聘的法律顾问和成都市当地的相关司法机关工作人员，在得到这些法律工作人员的共同确认后，公司的领导才选择与专业的招标中介代理机构——冯小童的公司签订协议，希望在制作标书等技术问题上得到招标信息灵通、投标技术娴熟的冯小童公司的指导。在双方签订合作协议之前，冯小童已经言明，合肥市所有招标投标机构的专家库成员都被其公司聘任为专家顾问，可以随时为其代理的招标投标项目进行技术指导，以确保项目的入围和最终中标。轨道分公司的领导当时认为，即使现在我们也认为：冯小童的公司聘请专家顾问的行为并不违法。事实上，现在的诸多招标投标中介机构，仍然如冯小童一样地聘请招标监督管理机构的专家库成员作为技术顾问。

2. 中铁某局和轨道分公司的领导均认为只要不直接与合肥地方领导打交道、送礼，就不属于与招标人串通；事实上也是如此，本案中该分公司并未与合肥市公共资源交易监督管理局主管的招标机构有任何的直接联系，不存在招标人与投标人串通的违法行为。

本案的事实是：投标代理人与招标人之间可能存在串通的事实行为，并不是投标人与招标人之间的串通。

3. 作为职业的投标代理机构，其应当在接受委托后为投标人提供相关信息和投标技术的支撑，并为非专业的投标人制作商务投标书，利用其具有丰富阅历的工作人员或所聘用专家的强大技术，丰富经验以及对问题、实践的掌握、判断能力，帮助投标人制作出更合理、更科学的标书；甚至可以利用其发现的招标制度、招标规定中的具体漏洞，给投标人创造条件，促使其达到中标的结果。但这显然属于正常的业务范围，并不存在与招标机构恶意串通的问题。

虽然在冯小童公司聘请的专家顾问中，有人后来成为该次招标事务的专家组成员，但是卷中证据显示，这些专家并未对因其参加招标事项而知悉的内幕信息或者其他具体信息向中介公司、投标公司透漏，而是利用自己专业的知识、经验，通过熟读公开发布的招标文件，分析出了一般人员无法获知或认识到的特定信息，而这些信息恰好能决定投标单位是否能顺利中标。

4. 三被告人作为轨道分公司的职员，在上级公司及本公司领导的安排下从事其本职工作，属于履行职务的正当行为。他们不可能认识到其行为是违法的，更不可能认识到其行为成立犯罪。因此，根据期待可能性理论，对上述三被告亦不应给予刑事处罚。

二、涉案行为即使成罪也是单位犯罪，在不追究单位刑事责任的前提下，不宜追究三被告人的刑事责任

1. 本案中，三被告人是按照单位上级领导及单位领导的决策，经单位集体研究而得出与冯小童的公司合作以求最终能中标地铁项目的决定，进而实施了职务行为。三被告是为了单位的利益才实施了涉案行为：本中标项目已经施工完毕，不但项目建设质量一流，而且所得净利润达到 2. 7 亿元之多，通归该公司所有。三被告以单位的名义与冯小童的公司签订的合作协议。所以，本案中涉案的行为若成立犯罪，理应是单位犯罪，而非自然人犯罪。

2. 既然是单位犯罪，则应以单位为追究刑事责任的第一主体，只有先认定为单位犯罪，才能追究单位直接责任人员的刑事责任；如果直接追究直接责任人员的刑事责任就有本末倒置之嫌。本案中，三被告为单位的利益而从事违法行为，若仅追究他们个人的刑事责任而不追究单位的刑事责任，不仅三被告人及其家属不服，一般的社会公众亦会感到明显的不公。

3. 本案一旦被认定为单位犯罪，则首先应该追究单位的刑事责任。鉴于某一具体犯罪所造成的损失和影响是确定的，刑事责任承担的总量一般是确定的，与一定的危害结果相对应的刑事责任亦是确定的。若单位承担了相应的刑事责任，则三被告的刑事责任依法依情依理都应该有所减轻。

六、敲诈勒索犯罪类

【题记】

敲诈勒索罪成立的基本要求:(1)行为人实施了暴力或者其他威胁行为;(2)被害人基于威胁行为交付财产;(3)行为人具有非法占有他人财物的直接故意;(4)占有他人财物的方式明显有悖社会常理。

33 王豹子"串通投标"敲诈勒索案

——以答应其他投标人要求其退出投标为条件，索要其他投标人巨额补偿金的行为，不成立敲诈勒索罪

【案情简介】

王豹子系河南金龙建筑有限公司（以下简称金龙公司）经理，拟报名参加商丘市某国有企业的建设工程招标活动的投标。除金龙公司外，商丘本地还有商丘市商圆有限公司（以下简称商圆公司）等三家公司拟参加该工程的投标。商圆公司为确保能以较高的标价中标，主动打电话与王豹子联系，拟支付王豹子100万元费用，让金龙公司退出该项目的投标活动。王豹子受邀到商丘市与商圆公司法定代表人梁欣就该事进行商谈。王豹子提出，除非给其200万元补偿费，才会考虑退出竞标，否则就按照正常的投标程序参与投标活动；梁欣被迫答应王豹子的赔偿要求。王豹子在接受商圆公司支付200万元现金时，被公安机关当场抓获。

【追诉经过】

公安机关将王豹子抓获后，以敲诈勒索罪立案侦查，侦查终结后以该罪移送某县检察机关审查起诉。检察机关经两次退回补充侦查后，以敲诈勒索罪将本案起诉至县人民法院。县人民法院经开庭审理，依法宣告王豹子无罪。一审判决宣判后，检察机关没有提起抗诉，一审判决发生法律效力。

【争论要点】

1. 王豹子是否具有敲诈勒索的犯罪故意。

2. 王豹子获取商圆公司200万元现金的行为是否具有合理依据。

【辩护思路】

首先,笔者立足于本案的基本事实:被害人商圆公司主动与王豹子联系,主动提出支付王豹子100万元补偿费用,让王豹子的金龙公司放弃可能获取巨大经济利益的商业竞争行为。据此论证,本案中的商圆公司不应成为敲诈勒索罪中的被害人,而是涉嫌犯罪行为的策划人。

其次,本案中一旦王豹子的金龙公司中标,将获取至少2000万元的利润收入,故而在商圆公司主动提出给金龙公司100万元补偿时,王豹子要求将补偿数额增加至200万元。据此论证,王豹子收受商圆公司200万元补偿费,系在合情合理的民事谈判范畴之内,不应涉嫌犯罪行为。

最后,王豹子是在商圆公司的挑唆、引诱下才产生索要补偿费的念头,且其认为自己退出原本可以中标的项目工程,失去了盈利的机会,索要一些补偿纯属正常的、合理的要求。故而应当否定王豹子具有非法占有他人钱财的目的。

【辩词摘要】

王豹子不成立敲诈勒索罪,亦不成立串通投标罪,理由如下:

一、王豹子没有敲诈勒索的故意

金龙公司工作人员从报纸上看到商丘市某国有企业就其建设工程招标的公告后,在金龙公司完全符合公告中要求的参与投标的企业所具备的基本条件,且近年来一直持续从事该类业务,并取得了较好的效果和业绩的情况下,经研究决定参与该招标投标活动。相对商丘市的其他3家拟参与投标的同类公司来说,金龙公司占有明显的优势,中标的概率很大。金龙公司完全有把握通过投标活动来承揽该建设工程,并已经计算出预期可获得净利润约2000万元。金龙公司本来想的是依法投标、依法中标、依法承揽工程、依法获利,并无与商圆公司协商,实施串通投标的目的和故意。

当商圆公司通过招标代理机构的内部信息(该内部信息在公开标书之前依法应该是保密的)得知金龙公司拟参与投标后,经打听和比较、评估得知,一旦金龙公司参与该项目的招标投标活动,则自己公司中标的概率就非常小,故而才主动打电话与王豹子联系,协商投标之事。作为外地企业的金龙公司负责人王豹子对商丘市的招标投标市场并不熟悉,见到有商丘本地的公司与他联系,就爽快地答应与商圆公司就该招标投标事项进行沟通。王豹子确实想通过商谈获知该招标投标事项的一些具体情况。在王豹子到商丘之前,其并不知道商圆公司想要协商的是让其退出投标活动。

在商丘商谈的现场,梁欣提出让王豹子退出投标的要求,并提出可支付王豹子一笔补偿金。王豹子当场给予拒绝,说不劳而获的事情自己不干,并推脱说自己的公司不是他一个人的,自己一人无法作主,想拒绝继续就此事谈判。但梁欣一直请求王豹子让步,并提出只要王豹子退出投标活动,其可以一次性支付王豹子100万元补偿金。可见,支付王豹子资金让其退出投标是梁欣主动提出的,并非王豹子主动提出,王豹子此时并不具有敲诈勒索的故意。

之后,王豹子经与公司其他投资人电话商议,其他投资人提出如果梁欣补偿200万元以上,金龙公司可以考虑退出投标活动,否则就将继续参与投标活动。可见,该200万元补偿金的要求仅是在梁欣提出的价款上有所增加而已,而且王豹子和其公司的负责人已经通过核算得出若中标该工程可得的净利润将达到2000万元左右。一旦中标,就可将工程转包给其他施工单位,通过转包获取管理费。按照建筑市场行情,管理费一般为工程净利润的30%左右,即通过转包该工程,金龙公司可以获得600万元左右的利润。让金龙公司无端放弃可能获取的600万元预期利益,商圆公司当然应该给予补偿。

而且,王豹子等当时唯恐该行为可能涉嫌犯罪,就当场打电话咨询其公司的法律顾问李律师,李律师回复的是:只要补偿款是其他公司主动提出的,不是金龙公司主动要求的,就不是敲诈勒索,仅是在对方主动提出并承诺给付补偿金数额的基础上,增加赔偿数额;一旦对方不能满足自己的要求,就放弃谈判,转而参与到招标投标活动中去,该行为并不违法,不会因此成立敲诈勒索罪。

故而,王豹子主观上没有敲诈勒索的故意,依法不成立敲诈勒索罪。

二、王豹子没有实施敲诈勒索的行为

本案中,在商圆公司的负责人梁欣提出给王豹子一定补偿让王豹子退出投标活动后,王豹子提出了更高的补偿要求,并言如果该要求得不到满足就继续参与投标,该行为并非敲诈勒索罪中要求的威胁、敲诈行为。因为,一旦王豹子不接受商圆公司的要求,就将继续参与投标活动是合理、合法的行为——合理、合法的行为显然不应成为敲诈勒索罪中的威胁、敲诈行为。

而且,一般敲诈勒索罪的要求是一方被敲诈而被迫支付本不该支付的费用给另一方,这才有被告人与被害人之分。而本案中,是商圆公司先提出支付补偿费用,是商圆公司首先提出支付的补偿费用可以由双方进一步商谈并适当增加,是商圆公司与金龙公司共同对支付的具体补偿费用的数额进行多次商谈而确定最终数额的,整个过程中没有胁迫者,也没有被胁迫者。

主动提出支付费用给对方的当事人,依理依情不应成为敲诈勒索罪的被害人;被动接受补偿费用的当事人,依理依情不应成为敲诈勒索罪的被告人。

三、王豹子的行为不成立串通投标罪

根据《刑法》第 223 条的规定,串通投标罪要求的是投标人之间相互串通或者投标人与招标人之间相互串通。这里的投标人是指参与投标活动的投标人,以投标人正式报名参加实际的招标投标活动为界限,否则就难以成为法律意义上的投标人。

本案中,金龙公司在报纸上看到招标公告后,仅是打电话给招标机构,表示参与投标的意思,但并未实际报名参与投标,投标的标书也未制作,更未向招标机构提供任何投标的书面资料。故而,此时的金龙公司在法律上尚不符合投标人的要求,只能成为潜在的投标人,而不是法律意义上的投标人。同理,商圆公司等 3 家公司也是拟报名参加投标,其虽与招标机构有相当多的沟通,但也尚未正式提出投标,没有正式提交投标资料,亦不属法律意义上的投标人。故而,王豹子和金龙公司与梁欣和商圆公司均不符合串通投标罪要求的主体要件,不成立串通投标罪。

34 李峰“债务承担”敲诈勒索案

——隐瞒债务产生的具体原因，骗取他人加入债务承担后，向债务承担人追偿债务的行为，不成立敲诈勒索罪

【案情简介】

李峰系洛阳市金固本有限责任公司（以下简称金固本公司）的实际控制人。该公司在正常的经营业务范围之外，时常将其自有资金借给他人，从中收取高息。2017 年 3 月，从事建筑工程施工业务的郭国杰因欠巨额赌债被人追讨，向李峰借款 3000 万元还债。借款到期后，郭国杰因无力归还，多次被李峰辱骂、追逼；郭国杰向李峰说可以想办法找许文强帮忙归还欠款。

李峰与郭国杰两人刻意隐瞒借款的起因和去向，以郭国杰公司建筑工地急需资金为由，诱使许文强为郭国杰担保其在金固本公司的借款 5000 万元（该款实际上直接用于抵偿郭国杰之前的借款）。随后，李峰安排金固本公司的员工，采取跟踪、威吓、拉横幅的方式，多次到许文强的家中、公司讨要债务，逼着许文强低价转让了其三处房产来偿还李峰 2000 万元。为了不再归还剩余借款，许文强找到当地的黑社会性质组织头目朱亚强，支付朱亚强 200 万元费用，让朱亚强找李峰摆平此事。朱亚强找到李峰，逼着李峰将许文强已经归还的 2000 万元退还给许文强。

【追诉经过】

公安机关对李峰以敲诈勒索罪立案并对李峰采取刑事强制措施；侦查终结后以李峰涉嫌敲诈勒索罪移送某区人民检察院审查起诉。某区人民检察院以李峰成立敲诈勒索罪将本案移送某区人民法院审理。某区人民法院认定李峰的该行为不成立敲诈勒索罪，以李峰的其他犯罪行为判处李峰有期徒刑 12 年。李峰没有上诉，检察机关没有抗诉，一审判决发生法律效力。

【争论要点】

1. 李峰的涉案行为是否属于非法占有他人财物的敲诈勒索行为。

2. 许文强是否应该归还李峰的5000万元。

3. 以威胁、辱骂、拉横幅的方式讨要合法欠款的行为能否成立敲诈勒索罪。

【辩护思路】

首先,笔者从民法的角度分析了该案的基本事实,得出许文强应该承担归还李峰借款的连带责任,且该责任不属许文强不归还时的补充责任,而是直接的还款责任。李峰可以在不向郭国杰讨要借款的前提下直接向许文强讨要借款,李峰的行为具有合法的基础。

其次,在许文强不归还借款的情况下,李峰组织金固本公司人员对其采取一些过激的措施,逼着许文强归还借款的行为,虽具有一定的违法性,但因讨要的是许文强依法应该归还的借款(目的正当),而不能成立敲诈勒索行为。

最后,笔者以本案中被害人与受害人的关系互换为基点,论证本案中的受害人是李峰(其借款没有收回且受许文强雇用的黑社会性质组织成员的胁迫)而不是许文强(其通过黑社会性质组织成员威胁李峰,将依法应该且已经归还李峰的钱款又要回),从伦理道德、民情舆论角度论证本案中李峰不应成立敲诈勒索罪。

【辩词摘要】

一、许文强的行为属于民法上的自愿加入债务行为,李峰有权以此直接要求其承担还款责任

本案证实许文强系被骗为郭国杰提供担保的证据并不充分,仅有许文强一人的笔录为证,而当时在场的李峰和郭国杰均否认隐瞒该款实际上系郭国杰之前因赌博而输掉的款项,即许文强承担担保责任是自愿的而不是受骗的。

退一步说,即使许文强是受骗作出承担债务的承诺,其受骗的也仅是不知道"赌债"是这5000万元债务产生的原因。许文强对郭国杰借李峰5000万元的基本事实不持怀疑态度,在郭国杰借李峰5000万元的基本事实方面其并没有受骗,该5000万元债权实际存在才是其自愿承担债务的根本原因,李峰和郭国杰对其的欺骗与其自愿偿还此债并没有法律上的直接关联。或不是其自愿偿还此债的主要原因。

二、许文强愿意提供担保的主要原因是其想从郭国杰处得到好处

许文强自愿替郭国杰还钱的主要原因有三：一是郭国杰确实欠李峰的钱；二是许文强确实欠郭国杰的钱；三是许文强想从郭国杰处得到其他好处。

案中有确凿的证据证明：许文强当时欠着郭国杰以他人名义投资、控制的担保公司的欠款4000万元没有按期归还，该担保公司一直在向其讨债。许文强知道郭国杰是该担保公司的实际控制人之一，故而一直向郭国杰说好话，想拖延归还债务；同时，许文强多次向郭国杰提出，让郭国杰帮忙再从该担保公司贷款7000万元，除了归还之前从该担保公司的贷款4000万元及利息1000万元（合计5000万元）之外，再支付给郭国杰好处费1000万元。鉴于多种原因，郭国杰对许文强的上述要求一直没有答复。卷中证据证实，在李峰借款5000万元给郭国杰的第二天，许文强就与郭国杰达成了协议：许文强已经清偿完毕其在郭国杰担保公司的贷款5000万元。可见，本案的真实事实是：郭国杰将其担保公司对许文强的5000万元债权转让给了李峰，以偿还其向李峰的借款5000万元，依此，李峰当然可以直接向许文强主张还款责任。

三、李峰系本事件的受害人，许文强系本事件的加害人

在李峰向许文强追讨债务，许文强找各种理由拒不返还时，李峰指使金固本公司的员工采取了一些过激的、违法的手段，逼迫许文强归还债务。虽然手段可能有所不妥，但其是在追回、保护自己的合法权益，充其量是以非法手段达到合法的目的（追偿债务），并不符合敲诈勒索罪中非法占有他人财物的目的，不成立敲诈勒索罪。

而且，许文强为了不支付自己应付的欠款，找到了朱亚强，让朱亚强逼迫李峰放弃对其追讨债务，改为仍向郭国杰追讨。

综上，本案中李峰是最初的、最终的受害人，是应该受到法律保护的人员；许文强才是最初的、最终的加害人，是应该受到法律惩罚的人员！

四、案发前，李峰已将许文强归还的款项全额退回

本案被立案前，在朱亚强的逼迫下，李峰被迫放弃对许文强的债权。当郭国杰又开始承担向李峰清偿债务的责任之后，李峰已经将自己所控制的房产作价抵偿了其从许文强处追要的款项——这侧面证实李峰没有非法占有许文强资产的故意。

七、危害公共安全犯罪类

【题记】

危害公共安全犯罪成立的基本要求：(1)行为危害不特定或多数对象的安全；(2)行为具有造成危害的突发性和不可控性；(3)行为人对行为具有违法性认识可能性；(4)行为与危害结果之间存在刑法上的因果关系。

35 杨朋柯非法制造爆炸物案

——分批查获的爆炸物应依照法律法规的规定，分别进行品性鉴定；针对其中一批爆炸物进行的品性鉴定，不适用于其他批次的爆炸物

【案情简介】

杨朋柯与马新国系同村群众，其中杨朋柯开了一家化肥经销站，为村民代销、代购各种化肥。马新国之前多次帮助别人用硝酸铵化肥、锯末等物品制造炸药，出卖给该县附近的石料场用于炸石头。马新国在帮助他们制造炸药的过程中，认识了专门为周边石料场提供炸药的经销商李万超，李万超与马新国协商，让马新国自己开办炸药制造厂，自己负责包销，价格相比其他人制造的炸药低二成。马新国就找到杨朋柯，以可以多从杨朋柯处购买硝酸铵化肥为引诱，让杨朋柯帮他找一个僻静的厂房，然后先从杨朋柯处赊销硝酸铵化肥，等制造的炸药出卖获利后再支付杨朋柯化肥赊欠款。杨朋柯为马新国找到了一家废弃的工厂，并赊销化肥给马新国，有时亦帮助马新国制造炸药。

【追诉经过】

马新国因非法制造爆炸物被立案侦查后，主动到公安机关投案自首，后公安机关将杨朋柯抓捕归案。公安机关侦查终结后，以杨朋柯涉嫌非法制造爆炸物罪移送市检察机关审查起诉；市检察机关审查后以杨朋柯成立非法制造爆炸物罪移送市人民法院审理。市人民法院经开庭审理后，以杨朋柯成立非法制造爆炸物罪判处其有期徒刑 10 年。杨朋柯不服一审判决，提起上诉；二审法院经书面审理，裁定驳回上诉，维持原判。

【争论要点】

1. 杨朋柯涉案的爆炸物重量如何认定。

2. 杨朋柯涉案的爆炸物能否认定为刑法意义上的爆炸物。

3. 杨朋柯是否为非法制造爆炸物案中的从犯。

4. 共同犯罪中主犯自首,从犯被抓捕,主犯的刑罚与从犯的刑罚应如何平衡才能真正达到罪责刑相平衡。

【辩护思路】

首先,本案杨朋柯涉案的最大量一批爆炸物的重量存疑。侦查机关对本案爆炸物的重量计量、评估存在重大瑕疵,该评估结论不能作为认定杨朋柯涉嫌犯罪的数额,应从公诉机关指控杨朋柯非法制造爆炸物的总数额中扣除。

其次,所有涉案的爆炸物,几乎都没有依照法律、法规的规定进行爆炸物品性鉴定,公诉机关指控的爆炸物不符合刑法中非法制造爆炸物罪中爆炸物的品性规定。根据事实存疑时有利于被告的刑事法基本原则,本案不宜认定为非法制造爆炸物罪。

最后,杨朋柯显系本次非法制造爆炸物活动中的从犯,即使主犯具有自首情节,由于主犯的自首而抓获了从犯,也不宜判定杨朋柯的刑罚重于主犯马新国的刑罚;否则,将严重违反罪责刑相适应原则。

【辩词摘要】

一、关于本案爆炸物的数量无法确定

本案中,侦查机关、公诉机关指控杨朋柯非法制造的爆炸物共分 4 笔,笔者对前三笔爆炸物的重量不持异议;但对重量最大的第四笔,笔者认为侦查机关、公诉机关提供的证据大都不具有合法性、合理性,该笔炸药的数量不能认定。理由如下:

1. 根据 2017 年 2 月 21 日新密市公安局治安大队出具的证明显示,共有已装填炮孔 467 个,爆破专家对其中 422 个炮孔利用“高压气体对炮孔内的炸药进行处理”的方式进行技术提取。后专家对提取的疑似爆炸物进行估算约 16 吨。这些爆炸物被当场使用水冲方式进行隐患消除。

从上述证据可以看出,提取的疑似炸药并未进行物理称重,仅是由专家进行了估算。对于影响犯罪嫌疑人定罪量刑的重要证据进行估算,显然不符合刑事证据所要求的标准;同时,本案中的专家也没有进行重量估算的资质。所以,该估算的重量不能作为定罪量刑的依据。

2. 2017 年 2 月 21 日新密市公安局治安大队出具的证明显示，在对未能提取的45 个炮孔进行引爆处理后，专家并未说明45 个炮孔所含疑似炸药的数量。可能是为了弥补这个缺陷，在时隔两个多月以后的 2017 年 4 月 27 日，两个爆破专家分别出具了证明，显示 45 个不能提取的炮孔内的炸药约 2 吨。但两份证明均未解释 2 吨是如何算出来的。

3. 也许是为了再次弥补缺陷，2017 年 5 月 31 日，两个爆炸专家再次出具证明，增加了“现场装填疑似炸药的重量计算方式”，以试图解释 18 吨重量评估的来源。但是，首先，该计算方式没有法律依据；其次，没有对现场炮孔横截面和炮孔深度的测量记录；再次，1 立方分米炸药不能确定就是 1 公斤——因为现场并未称重，没有证据证明；最后，未测定每个炮孔的装填密度是否完全一致。

4. 本案的同案犯夏元地供述 2017 年 1 月卖给瑞源建材公司三次共计 50 吨，卖给李万超三次共计 35 吨；马新国供述三次共卖出 25 吨；白洪鉴供述共卖出 17 吨；刘俊朋供述共卖出 15 或 16 吨；夏明厚供述共卖出 25 或 26 吨——每个犯罪嫌疑人说的都不一样，且与估算值也不一样。

所以，对于 2017 年 1 月 11 日晚至 1 月 20 日晚共装填炸药的数量的认定缺乏证据证明。

二、本案起诉书指控的，在田丰建材厂和瑞源建材厂查扣的物品，仅有成分鉴定，没有证据能够证明其属于刑法规定的爆炸物

1. 2016 年 12 月 28 日，郑州市公安局物证鉴定所（郑）公（刑）鉴（理化）字（2016）668 号理化检验报告显示：2016 年 12 月 25 日，在田丰建材厂查扣的 1. 88 千克疑似炸药，经鉴定，有硝酸铵的成分。

2. 2017 年 1 月 25 日，郑州市公安局刑事科学技术研究所公（郑）鉴（理化）字（2017）47 号鉴定文书显示：2017 年 1 月 12 日，在瑞源建材厂查扣的疑似炸药，经鉴定，有硝酸铵和硫的成分。

3. 2017 年 2 月 3 日，郑州市公安局物证鉴定所（郑）公（刑）鉴（理化）字（2017）50 号理化检验报告显示：2017 年 1 月 21 日，在瑞源建材厂提取的疑似炸药，经鉴定，有硝酸根离子和铵根离子的成分。

这三次鉴定均属于成分鉴定，并非对是否属于爆炸物进行鉴定。因此，没有证据能够证明田丰建材厂和瑞源建材厂查扣的物品属于刑法规定的爆炸物。

虽然田丰建材厂和瑞源建材厂查扣的物品成分中含有硝酸铵成分;但是,硝酸铵并不是刑法规定的爆炸物,硝酸铵只是一种农用化肥。

首先,《民用爆炸物品安全管理条例》第2条第2款的规定,“本条例所称民用爆炸物品,是指用于非军事目的、列入民用爆炸物品品名表的各类火药、炸药及其制品和雷管、导火索等点火、起爆器材”。《最高人民法院关于审理非法制造、买卖、运输枪支、弹药、爆炸物等刑事案件具体应用法律若干问题的解释》中对爆炸物的种类作了明确的罗列,即炸药、发射药、黑火药、烟火药、雷管、导火索、导爆索、爆炸装置。上述规定均未将硝酸铵列入爆炸物。因此,硝酸铵并不是刑法规定的爆炸物,仅是一种农用化肥。

其次,虽然《民用爆炸物品品名表》将硝酸铵列入其中,但仅是将其作为原材料列入其中的。所以,硝酸铵不是民用爆炸物,而是爆炸物的原材料。之所以将硝酸铵列入《民用爆炸物品品名表》,是因为其经过加工处理后可以制造爆炸物,国家为了加强对硝酸铵销售和购买的管理,防止硝酸铵非法流入社会危害公共安全,才将硝酸铵的销售和购买按照民用爆炸物品的管理规定进行管理。

所以,在未经爆炸物鉴定的情况下,就认定硝酸铵是爆炸物犯罪所指的爆炸物品是没有法律依据的,即使田丰建材厂和瑞源建材厂查扣的物品中含有硝酸铵成分,也不一定属于刑法规定的爆炸物。

三、大安村查获的爆炸物与杨朋柯无任何关系

本案证据中的鉴定报告显示,只有2017年10月26日在大安村查获的4袋物品属于爆炸物;但该爆炸物与田丰建材厂和瑞源建材厂查扣的物品使用的不是同一种原材料,成分也不一样。同时,并没有证据证明该爆炸物与田丰建材厂和瑞源建材厂查扣的物品属于同一时间制作,因此,在大安村查获的爆炸物与杨朋柯无任何关系,理由如下:

1. 2017年12月11日贵州警官职业学院司法鉴定中心(2017)爆鉴字第237号司法鉴定意见书显示:2017年10月26日,在洛阳查获的4袋疑似炸药,经鉴定:送检物灰白色粉末主要成分为硝酸钠、硝酸铵等。送检物灰白色粉末属混油木粉类可燃物,在强力起爆条件下具有爆炸性能,是爆炸物品。

2. 大安村查获爆炸物成分含有硝酸钠,而田丰建材厂和瑞源建材厂查扣的物品均不含硝酸钠,成分不一样。

3. 田丰建材厂和瑞源建材厂查扣物品使用的原材料都是陕西生产的“兴福

牌农业用改性硝酸铵”;而在大安村查获的爆炸物使用的原材料是四川金象赛瑞公司生产的“复合肥料”。所以,两次查获的物品使用的原材料不一样。

4. 马新国2017年12月27日供述:“那些化肥、硫磺、锯末是去年购买的,一直在那里存放着,那4袋制成的炸药是我自己制作的,当时最后一次卖给李万超炸药以后,李万超说还要点,我自己一个人去又做了4袋炸药,后来李万超又说不要了,那几袋做好的炸药就一直在那里放着。”

综上,首先,在2017年1月瑞源建材厂最后一次购买炸药、装填完毕(2017年1月21日)后,瑞源建材厂没有再向夏元地购买过炸药,夏元地也没有再向李万超购买过炸药,李万超因此没有指示马新国再进行生产。相反,根据马新国10月26日的供述,李万超在2016年腊月二十六(2017年1月23日)专门到马新国家告诉马新国:新密炸药出事了,让他别在家,出去躲躲。所以,马新国的供述不属实,更无法证明大安村查获的爆炸物与田丰建材厂和瑞源建材厂查扣的物品属于同一时间制作。

其次,2016年腊月,杨朋柯不再向马新国提供硝酸铵,也不再参与制作。但马新国是在2017年10月26日才被采取强制措施的,其间有将近10个月的时间。而对于2017年10月26日查扣的原材料到底是在何时由何人从何处购买的,以及这4袋制作好的炸药到底是什么时间制作的,均无证据证明。

但现有证据至少可以证明:这4袋炸药所用的原材料不是杨朋柯提供的,杨朋柯没有参与这4袋炸药的制作。因此,2017年10月26日查扣的4袋炸药与杨朋柯没有任何关系。

四、杨朋柯系从犯,且具有自首情节,应当从轻、减轻处罚

杨朋柯是经营化肥站卖化肥的,为了能够多卖点化肥,多赚点钱,而在马新国提出让其帮忙找个地方生产爆炸物的时候,杨朋柯帮助马新国找到了大安村的破旧厂房。制作炸药的粉碎机、封口机及铁锹等工具都是马新国购买的,制作炸药的方法也是马新国从李万超处学会后传授的,工人工资及作坊的电费也是马新国支付缴纳的。每次制作炸药都是马新国在接到李万超的“订单”后,才组织杨朋柯等制作的。所以,对于炸药何时制作、制作多少、什么时间送走都是由马新国决定并组织实施的,杨朋柯仅是听从指挥,提供原材料并偶尔参与制作,对于非法制造炸药起辅助作用,系从犯。

另外,根据《最高人民法院关于处理自首和立功具体应用法律若干问题的解释》第 1 条之规定,杨朋柯被传唤到案后,能够如实供述犯罪事实,无抗拒、反抗等行为,应当认定为自首;同时,其家属已将 3 万元非法所得予以退还。因此,对于杨朋柯应当比照马新国、李万超等主犯从轻、减轻处罚。